企業の魅力を最大限に引き出す

ワンストップ・ブランディング

ONE-STOP BRANDING

乳井俊文
NYUI TOSHIFUMI

企業の魅力を最大限に引き出す
ワンストップ・ブランディング
ONE-STOP BRANDING
乳井俊文
NYUI TOSHIFUMI

幻冬舎MC

企業の魅力を最大限に引き出す

ワンストップ・ブランディング

はじめに

企業経営において、いまやブランディングは不可欠なものです。競合他社がひしめき合い、似たようなモノとサービスが溢れ、品質や性能をアピールするだけではほかに差をつけることが難しくなっています。そのなかで効果的なブランディングによって消費者に選ばれる企業にならなければ、生き残ることはできません。

ブランディングとは、ブランドや商品のイメージを世の中に定着させることを意味します。例えば、スマートフォンといえばiPhone、カフェならスターバックスというように、○○といえばあのブランド、あの商品だというイメージがすぐにつくようにするのです。これにより他社との差別化を図り、消費者の選択肢を自社に絞らせることができれば、競合との価格競争に振り回されることなく、恒常的な利益の獲得が可能になります。

しかし、見栄えやインパクト、流行ばかりにとらわれた表面的なブランディング施策では、いくら時間と予算を掛けてもターゲットには刺さらず、消費者から選ばれるには至りません。特に、ブランディングの成果が上がらないという企業が陥りがちなのは、ロゴやデザイン、広告、テレビCMなどを場当たり的に別の業者に発注することで、企業が打ち出すべき核となる部分がブレてしまうパターンです。一貫性のない発信を繰り返していては、いくら弾数を増やし予算を掛けても実を結ぶことはありません。

ブランディングを行う以上は、企業の価値を確実にターゲットに届け定着させるため、一貫した取り組みとして進める必要があるのです。

私は2012年に現在の会社を設立して、ブランディングを中心に、マーケティングや広告、プロモーションの企画・開発、コンテンツ制作などを行っています。今までさまざまな商品や企業、地方自治体のブランディングに取り組み、ブランドイメージを確立させ、ファンの醸成、新たな顧客層の開拓、そして事業を大きく成長させてきました。

私が特に意識していることは、ブランディングの入口から出口までの工程を細分化し、ワンストップで行うということです。

まずは綿密な分析をマクロ・ミクロ単位で行い、ビッグデータ、スモールデータを用いて市場動向を把握しターゲットのペルソナを設定します。

またクライアントへのヒアリングを重ねながら事業や商品がもつ本質的な価値を掘り起こし、分析結果を踏まえてターゲットに刺さるブランドのシナリオを立案します。そのうえで、シナリオを最適な実行施策に落とし込み、検証・改善を繰り返しながら施策を運用していきます。すべての工程に一気通貫で取り組むことで、クライアントの価値を中核に据えてブレずに発信していくことが可能となり、初めて効果的なブランディングが実現するのです。私はこのワンストップのブランディングを徹底することで、多くの案件を成功に導いてきました。

本書はブランディングを成功させるために必要なノウハウや考え方を、私が実践しているワンストップ・ブランディングの事例も交えて分かりやすく解説しています。ブランディングを成功に導く一助として活用していただければ幸いです。

目次

第1章

9割の企業がうまくいかないブランディング——単発の施策では効果は出ない

第2章

企業の魅力を最大限に引き出すには、ブランディング過程の細分化が必須

第3章

ワンストップ・ブランディング／フェーズ1　Analytical Phase

データ活用で事業を徹底分析する

第4章

ワンストップ・ブランディング／フェーズ2 Planning Phase

分析をもとに理想のシナリオを描く

第5章

ワンストップ・ブランディング／フェーズ3　Creative Phase

描いたシナリオが的確に ターゲットへ届く施策を決定する

第1章

9割の企業がうまくいかないブランディング――単発の施策では効果は出ない

モノや情報が飽和するなかで
ブランディングに失敗する経営者たち

多くの経営者は自社の商品やサービスを選んでもらい、売上を確保するためには自社のブランディングが必要だと考え、さまざまな施策を進めています。しかし、さまざまな媒体に広告を打ったり、ロゴやホームページを刷新したり、SNSで自社アピールをしたりと努力をしているのに、思ったような効果が出ず、ブランディングに失敗している経営者は少なくありません。

失敗してしまう背景には、ブランディングに対する根本的な誤解があると私は思います。

理由の一つは、ブランディングとして打つ施策が単なる表面上の化粧直しにとどまっているからです。とにかくモノをつくれば売れる時代だった高度経済成長期から一転し、現代の世の中ではモノが飽和状態となり、同じような機能をもつ競合商品やサービスが市場に溢れています。消費者は購入前にホームページやECサイト、クチコミサイトなどネット上で情報を集め、見た目、価格、付加価値などを比較したうえでどれにするかを決めることが当たり前です。そのため、企業側は他社と比較検討されたうえで、私はこれが欲しいと自社製品に白羽の矢を立ててもらわなければならないのです。多少注目されるくらいでは競争に勝つことはできません。他社との差別化を図り、表面的ではなく本質的なブランディングに取り組まないと、モノやサービスは売れない時代になっているのです。

ブランドとブランディングという言葉を整理する

ブランディングが単なる広告表現の工夫やPR戦略に取って代わられてしまう原因は、ブランディングとはそもそも何かを正しく理解できていないからであると私は思います。

ブランドとは個々の商品やサービスではなく、会社として何がしたいのかという思いであり、事業の土台です。会社名でもロゴマークでもありません。

対してブランディングとは、ブランドや商品のイメージを世の中に定着させ、市場でのポジションを確立することです。広い意味では自社の事業ストーリーの全体像をつくりあげる取り組みのすべてを指します。会社として何をしたいのかを突き詰め、市場での自社の立ち位置や能力を冷静に分析し、解決すべき課題を念頭におきながら事業計画を練ります。そして、具体的な商品やサービスをつくり、市場とのコミュニケーションを通して事業を推進していくまでがブランディングです。制作物のデザインだけを取り上げてブランディングということはできません。

私はこのような広い意味のブランディングをブランド（事業ストーリー）の構築という意味で「ブランドづくり」と表現し、「ブランディング」は構築したブランドを具体的に実現する取り組み、と定義してこのあとの検討を進めたいと思います。

課題解決思考がつくる壁

とはいえ、現実的にはブランドづくりを進めることはなかなか困難です。経営者は商品やサービスの内容や納期、従業員の仕事ぶりについて日々目を配らなければならず、月末が近づけば資金繰りにも万全を期さなければなりません。当面の売上確保のため、日々山積していく課題の解決に没頭せざるを得ないのです。

実際、どの経営者の頭のなかも解決すべき課題で埋め尽くされています。事業活動のあらゆる面について、問題点の洗い出しと解決策の立案、施策の選択と実行の最終的な決裁が求められている経営者は、そうした膨大な事象に対して重要度を判断し優先順位を付けて、解決に取り組まなければなりません。

しかしこの課題解決にとらわれた考え方がブランド構築の発想にとっては大きな壁となります。目に見える課題は自覚することができ、どうすればよいかの方策も見つかるはずです。それらは想定範囲内の問題です。

しかしブランド構築には想定を超えた大胆な発想が必要です。ブランドを見直し、改めてブランドをつくろうとするなら、現実の課題にとらわれず、思い切って原点に返るくらいの飛躍こそが必要なのです。

目先の諸問題を解決するだけではブランディングにはつながらない

ブランディングを実現するためには外部の専門家の手を借りることが必要となってきます。しかしさまざまな広告制作会社の力を借りることが、逆に目先のもろもろの課題を解決すればブランディングにつながる、などといった誤解を生んでいるのです。

広告制作会社は、ブランディングをサポートしますとか、斬新さを売りにしたりしてしばしばアプローチしてくるものです。

そもそも、こうしたさまざまな広告物の制作を本業とする会社は制作物が発注されて初めて売上が立つので制作物の提案・受注が活動の目標であるのです。顧客から、インパクトのある広告をつくりたいとか、Ｗｅｂでの集客に力を入れたいなどと言われたときに、待ったをかけて「なぜそれが必要なんですか？」と問い返したり、「今やることが重要でしょうか？」と疑問を投げてきたりするような会社は残念ながらあまり多くはありません。

仮に内心で意味はあるのかなどと疑いが芽生えても、せっかくの受注を断ることはありません。確かに自社の売上を拡大することにつながるからです。最大規模の売上にしようと考えているだけであり、その枠を出ることがありません。

つまり、顕在してきた課題を解決するという思考で双方が関わっている限り、新しいブランドも事業や企業の成長ストーリーもつくれないのです。

ブランドを再構築するなら、社長の思いにまでさかのぼってじっくりと事業内容を検討するところから始めましょう、などということをあえて語る広告制作会社はまれな存在です。時間ばかり費やすことになり、売上につながらないからです。

目の前にある数多くの課題に囲まれ、売上が少しでも伸びればと、とりあえず課題解決に尽力してブランディングらしきものに手を染める、ということはよくあることです。しかし広告出稿や制作物の受注が欲しい広告代理店や制作会社があの手この手で提案し、言いなりで場当たり的に施策を実行してしまった結果、さして効果は上がらず、予算がなくなると同時に終了する……といった事態が繰り返されています。こうしたことをいくら積み重ねてもブランドはつくれないのです。

施策を無駄打ちするのではなく、自社のファンを大事に、起点にして考えていく

さまざまな広告やプロモーションを小出しにいくらやってもだめなのではないか、もう一度、会社の事業を通して誰にどんな価値を提供できるのか、それが地域や社会課題の解決にどう寄与するのかを問いかける。さらに会社の成長と従業員の幸せにどう結びつくのか、さらには自分自身の人生にどういう未来を開くのか——本来のパートナーとなるべき広告制作会社であるならそうしたことを語るべきだと思います。最

終的には経営者は何がしたいのか、なぜそう考えたのか、ということこそがブランドづくりの出発点です。広告戦略とかＷｅｂサイトの見直しとか、キャンペーン施策に関する話はずっとあとのことだということを経営者に伝えることがまず必要です。そうでなければ無駄な費用ばかり使い続けることになるからです。

しかし、一方で仮に売上が落ちているとしても、今でも自社の製品やサービスを選んで愛用してくれているファンと呼ばれる支持層がいる会社は少なくありません。そうした会社には自社でも把握できていない、消費者の共感を集めるなにがしかの魅力があるからです。

ファンと呼べる得意先やなじみ客などコアな支持層を起点に、改めて自社が愛されている良さはなんなのかという原点を見つめ直し、そしてファン層の拡大を図りながら自社にできることとすべきことを検討し、新たな事業ストーリーを構築することです。こうした原点やできること、すべきこと、事業ストーリーを抜きにしてブランディングは始まりません。いきなり広告戦略に手を付けようとするのは誤りであり、どんなによくできたものであっても、人の心を動かすものにはなりません。

コアなファン層から学ぶ自社の魅力を認識したうえで、経営者の思いを貫いた事業ストーリーとしてのブランドの構築こそが最初の重要な一歩です。そのためには目の前の課題解決に振り回されるのではなく、視線を高く上げて未来を見据え、本当に何をなすべきかを考えることが必要なのです。

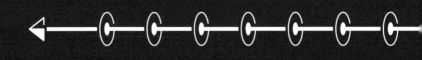

第2章

企業の魅力を最大限に引き出すには、ブランディング過程の細分化が必須

ブランドとは事業ストーリーである

ブランドづくりとは、企業あるいは組織や個人が推進する事業がどのような価値を提供し、共感を引き出しながらどのように成長していくのか、その事業ストーリーの全体をつくっていくプロセスです。最終的な成果物がさまざまな商品やサービスであり、それを市場に投入する際にストーリーを発信する手段がさまざまな広告物です。ブランドの幹になるべきなのは事業のシナリオです。

ブランディングをやっているつもりでも、実際は広告物などだけにとどまっているのであれば、ただ外側の包み紙を替えたのと同じで、肝心の中身であるストーリーがありません。今、消費者が求めているのは、心から共感できる世界観やストーリーをもった事業、商品・サービスです。

ストーリーには商品やサービスの受け手にとっての個人的なストーリーも含まれます。商品やサービスを手に入れることで、どのような体験が生まれるかという話です。しかし私がブランドづくりの幹として必要だと考えているストーリーは企業や組織、個人をすべて巻き込んで展開していく、より大きな意味での事業ストーリーです。

事業ストーリーというのはある商品やサービスが誕生することで、受け手側の個人の生活がどう変わるのかにとどまらず、事業が企業だけでなく地域や社会をどのように変えていくのか、すべてのステークホルダーを含んで描かれるものの全体像です。

①例えばある地域の農業特産品を原料にした新たな飲料の開発に取り組んだとします。

②成功すれば、新飲料は人々の暮らしに今までにない刺激と幸せな時間、新しいライフスタイルやコミュニケーションを創造します。

③さらに販売の拡大＝生産量の増加が工場の拡張や関連産業（原材料や機械設備、輸送など）の発展を促し、地元の雇用を全体として拡大します。

④ 原材料となっている農産物の生産増＝農業の活性化を促すことにもつながります。
⑤ また、耕作放棄地や後継者不足問題の解決、就職の受け入れ先となる地元企業が育つことによる若者の定着化、人口減少や少子高齢化の進行の抑制、そして地域全体としての発展など、さまざまな課題の解決につながる可能性もあります。それは地元で創業し、事業を展開してきた経営者の夢の実現でもあります。

このような大きなストーリーを考えながら、ワクワクしない経営者はいないはずで、これこそ会社を立ち上げ、苦しい時期も乗り越えてきた経営者を勇気づけるに違いありません。私自身、経営者と突っ込んだ話をしながら、将来の構想が大きく広がり、面白くなって話が止まらなくなるようなことを何度も経験してきています。

もちろんこうしたストーリーを描いても、すぐにすべてが実現できるわけではありません。最初は夢物語のところも少なくないものです。しかし、ストーリーづくりの出発点ではそれでよいのだと思っています。むしろ大きく夢を広げるところに価値があるのです。

この当初はまだ夢物語でしかないものを、さまざまな分析に基づいたリアルな事業計画として具体化し、工程表を作って、いつ何をどこまで実現するかを決めて、さらに見直すタイミングとその際の判断基準を明確にしておけばよいのです。こうした事業ストーリーづくりこそ新たなブランド構築の第一歩なのです。

企業の本質価値を引き出す

企業が備えている本質価値は、経営者自身ですら発見していない、あるいは口に出して言語化していない場合も多いものです。

本質価値とは、経営者自身がなぜその事業をつくり、あるいは創業者から受け継いで推進してきたのか、困難もありながらなぜ頑張ってきたのか、という経営者自身にとっての価値であり、そしてその事業、つまり商品やサービスがあることによって、世の中にどういう価値を提供しようとしているのか、それを通して世の中をどうしていきたいと考えているのか、といった、企業や事業の根底にある価値のことです。

そんなことは考えたこともないと口にする経営者もいるかと思います。しかし、単に言葉として整理していないということにすぎません。事業を進めるなかで、どういうときにやりがいを感じてきたのか、顧客のどういう反応がうれしかったのか、そして事業が壁にぶつかったときに乗り越えることができたのはなぜなのか、従業員にどうなってほしいかといった点を丁寧に洗い出していけば、何が本質価値であるのかは明らかになっていきます。

仮にこういう施策をしたい、こういう企画をやりたいなどという具体的なアイデアがあっても、すぐに制作に入るようなことはすべきではありません。そもそもなんのための事業なのかといったことをまず明確にしていく必要があります。事業ストーリーづくりで最も大切にすべきなのは、自社がなぜ世の中に存在していて何を成し遂げようとしているのか、世の中をどうしたいのか、という点を明確にすることです。そこに貫かれた思いこそその企業、組織、個人の本質価値であり、ブランドのコアになるべきものだと思うのです。

企みベースで未来の社会を妄想する

具体的な事業ストーリーを実際にどのようにして構築していくのかの全体プロセスはアナリティカルフェーズとプランニングフェーズ、クリエイティブフェーズ、オペレーショナルフェーズという4つのステップに分かれます。

これらのプロセスに入る前に手掛けるべきことがあります。それは事業ストーリーのすべてを貫き、常に事業のなかに維持されるべき使命や理念の明確化ということです。事業を通して何を実現するのか、最終の目標を明確にすることであり、4つのステップに取り掛かるための前段階、いわば0番目のステップです。

そのアプローチには2つの方法があります。1つは企みベース、もう1つは課題ベースです。

「企む」とは広辞苑によれば、〔悪いことを〕くわだてる。計画する、とあります。

図表１　企みベースと課題ベースのプロセス

	課題ベースのプロセス	企みベースのプロセス
時間の経過 ↓	企業の課題を知る	企みの素（※）とクロスして、なぜその課題が生まれたかを考える
	課題を分析する（4P、3C/4Cなど）	なんのための事業で、どうなりたいかを障壁なしに考えてみる
	解決の仮説を生み出す	類似の競合他社や近いサービスを相対的に分析する（4P、3C・4C、SWOTなど）
	アイデア開発	課題解決にもつながる新たな事業ストーリーを描く（そこに介在する人がどう思うか、ワクワクするか）
	施策立案	アイデア開発
	ゴールを設定したうえでのKPI設定	施策立案
	実施、検証	ゴールを設定したうえでのKPI設定
		実施、検証

※企みの素＝・社会課題・地域課題・事業課題（収益モデルやシステム）・人（働く意義やモチベーション）・商品（優位性、存在意義）・グローバル企業の先端事例・トレンド情報、ほか
著者作成

悪巧みのような言葉もありますから確かに否定的な語意が込められているのかもしれませんが、私が企みという言葉で示したいと思っているのは、相手を自分の望んでいる方向にもっていったり、事をうまく成し遂げたりするために策を用いるということです。悪事を成せと言いたいのではありません。

自分が何をするかではなく、世の中全体を広く視野に入れ、仕掛けをしてその全体を動かそうということです。

自社や自社商品をどうするという狭い視点ではなく、自分たちのもっている本質価値に社会課題や地域課題、事

業課題、人、商品、グローバル企業の先端事例やトレンド情報というさまざまな企みの素を掛け合わせ、今までにない豊かな社会を築いていく。いい意味で大いに企んで、希望のもてる社会をつくろうというのが企み思考です。

対極にあるのが課題ベースの思考です。

課題ベースは、現状の課題解決からスタートして成長を実現しようという考え方で、その課題の解決だけを目的に進めていくものです。どのようなアイデアもあらかじめ設定された課題という枠を超えることはありません。結局、課題ベースのアプローチはすでに見えている問題の改善であり、ビジョンをもったストーリーをつくることができません。

そもそも現状の問題点を見つけ、解決すべき課題としてとらえてさまざまな対策を打っていくという課題ベースのアプローチは楽しいものではありません。一つの課題を克服してもまた次の課題が見えてきます。ここがだめ、ここがうまくいっていないと、延々とマイナスのことを探し対策を考えていく作業の繰り返しでは誰もが疲れてしまいます。

確かに変えていかなければならないことはあります。しかし、下を向いてそればかり探してもモチベーションは上がりません。上を向いてアプローチをすることが必要であり、事業ストーリーの創造につながっていきます。これが企みベースであり、これを導くために有効なのがバックキャスティングの取り組みです。

企みを可能にする思考方法としてのバックキャスティング

未来に対する思考方法として、「フォアキャスティング」と「バックキャスティング」という2つのアプローチがあります。

誰もが将来に向けて幸せになりたい、豊かになりたいと考えており、目指すものや目標は人によってさまざまです。この目標を定めるための方法の一つがフォアキャスティングです。現状からスタートし、今はこういう問題があるからまずこれを解決する、現状ではこれは難しいからこちらをやるというように、あくまでも現状の課題を

図表２　フォアキャスティングとバックキャスティング

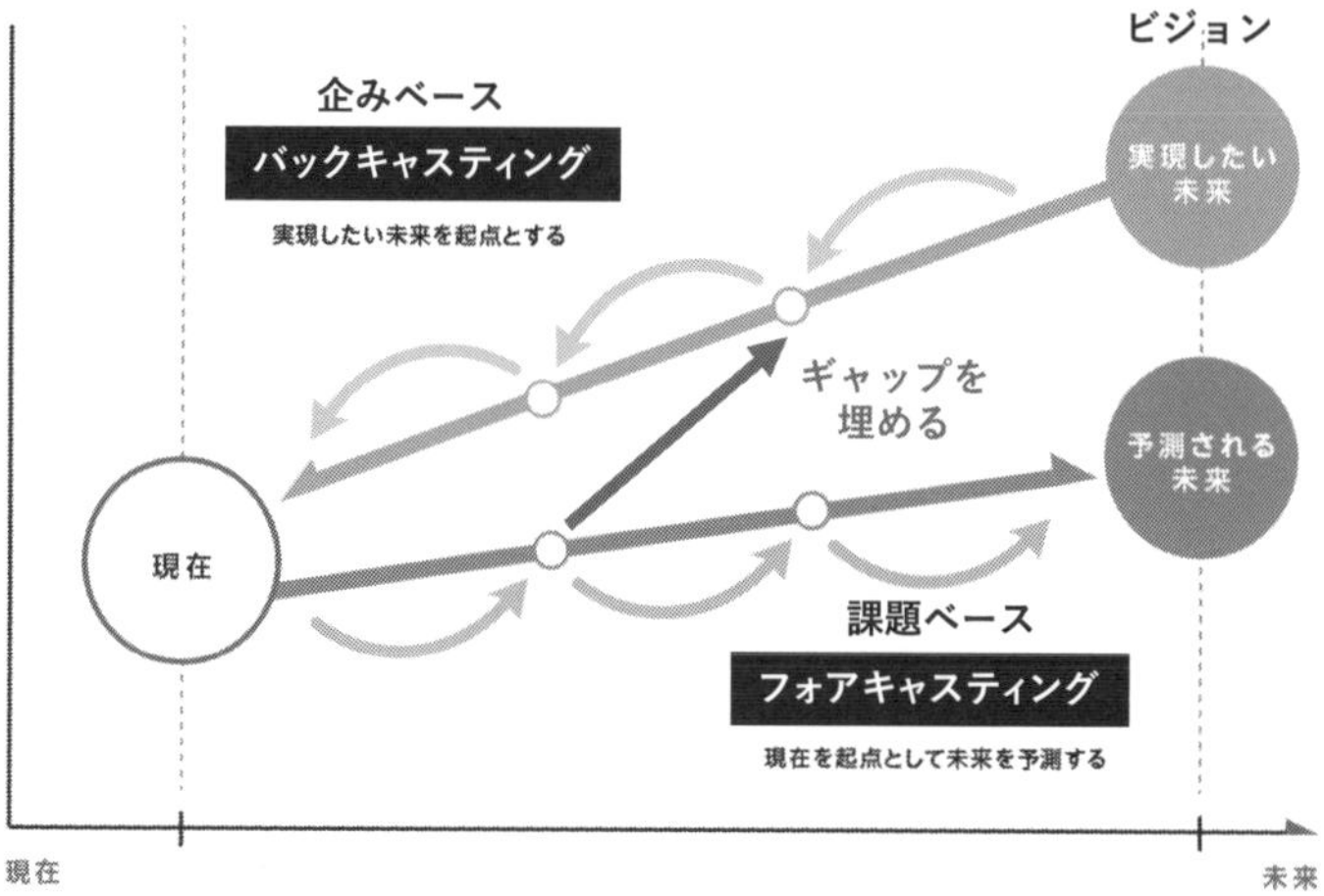

著者作成

起点に目標を定め、解決を図るものです。先の言い方にならえば、課題ベースということです。

これに対して、バックキャスティングとは、現状の問題点や限界点などはいったん横において、すべてが思うとおりになるとしたらどういう姿でありたいのかという理想の姿を目標としておき、それを起点に現状を振り返って浮かび上がってくるギャップを埋めていこうと考えることによって、現状にとらわれ過ぎることなく、本当に実現したい未来を思い描こうというものです。

キャストとは投げかけるとか、ある形に整えるといった意味の言葉です。前方に向かう（フォア）のと対照的に、将来の姿から振り返る（バック）からバックキャスティングというわけです。

バックキャスティングという言葉をいち早く日本に紹介したのは、環境ジャーナリストであり、世界的なベストセラーとなったアル・ゴア元アメリカ副大統領の『不都合な真実』の訳者、枝廣淳子さんだったといわれています。バックキャスティングという発想自体が、地球環境問題への対応を考えるなかで生まれてきたものだったので、枝廣さんは誰よりも早くそのバックキャスティングの言葉に触れることになったのだと思います。

例えば2050年までに温室効果ガスの排出を実質ゼロにするカーボン・ニュートラルという目標は、まさにバックキャスティングによって定められたものでした。今できるかできないか、その技術があるかないかとフォアキャスティングで議論をしても目標は立てることができなかったと思います。それほど現状からは大きくかけ離れた遠大な目標です。

しかし地球環境を持続可能なものとして維持するためにはやらなければならない、と考えることで目標が明確になり、そこからの振り返りで、では今何をしなければならないかということが明確になっていきました。地球環境問題への対処は、まさにバックキャスティングの手法が用いられなければ、最終の目標設定も、そのために段階的に踏むべき目標も出てこなかったのです。

同じように事業ストーリーの構築にもバックキャスティングが有効です。自社の事業は最終的に、どのような地域課題や社会課題の解決になり、どういう未来を創造するものになるのか、最終的にはこうなっていたいという姿を思い描くことが必要だからです。今は人材不足だとか資金がないとか、ニーズがないのではないかといった現在の問題に縛られていては今を超える発想は出てきません。制約はいったん忘れ、30年後にはこんな地域にしたい、こんなことをしていたいということを思い描くということで、妄想でいいのです。

私自身の経験では、東北地方のある自治体の懸案となっていた特産物の販売促進を実現するための施策を提案して採用されたとき、市役所内で開いた試食会で職員から、

「この事業は、本当に私たちが市としてやるべきものなのでしょうか？」と質問を受けました。職員によれば、この事業はほかの民間会社でもできるし、市としてもっと自分たちらしいことをしたほうがよいのではないかというのです。

私は、そうは考えないと答えました。市として何をすべきか、市としてできることは何かを考えることはとても大切です。しかし市という立場にとらわれ、スタート位置を固定してしまったら、自分たちが想像する以上のものは決して生まれません。自分たちらしさや、自分たちの強みを活かして、という発想は分かりますが今の立ち位置にこだわっていたら絶対に枠を出られず、新しいことはできません。10年後のこの街の理想の姿はどういうものなのか、一人の市民として考えて理想の旗を立て現状では何が足りないのか、ギャップを埋めるためには何をすべきかと考えることが重要なことだと思う、と私は説明したのです。

本当に自分は何をしたいのか、それを発見するためにはバックキャスティングしかありません。一人の人間が自分の将来を考えるときも同様です。日本の有名大学と大学院を出て、さらに海外留学で学位を取り、帰国後、大手金融グループで活躍していた人が、一念発起して東南アジアの貧しい国の農家を支援するために事業を興し大活躍した例がありました。恵まれた学歴や誰もがうらやむような勤め先を退職して活躍している人の例は数多く紹介されています。共通しているのは起業にあたって、自分のそれまでの経験や能力や資金力といった有形無形の資産から発想して何ができるかとは考えなかったということです。ただ貧困に苦しむ人の助けになりたい、社会貢献がしたいという思いから、10年後あるいは20年後に自分はこうなっていたいというバックキャスティングで自分の道を切り開いていったのです。

妄想からリアルな事業シナリオへ

バックキャスティングはあくまでも理想を導く手法であり夢物語の世界です。ブランディングのスタートとして最も重要なプロセスではあるものの、あくまでもスタートラインにつくためのものであり、ゴールではありません。

重要なのは、それを現実的なシナリオへと落とし込み完成させるプロセスです。これができて初めて夢物語でなくなるのです。

ここでは目標設定ではあえて使わなかったフォアキャスティングが活きてきます。あくまでも高い到達目標を見ながら改めて自社がおかれた環境を丁寧に分析し、今の課題も見て、当初は妄想であった事業ストーリーを現実的なものとして完成させます。当然、現状ではどうしてもできないことも出てくるので、どう補うか、担い手の問題もあります。プランを立てても運用できなければ意味がありません。必要となるスキルをもった人間がいるのか、いなければどうするのか、こうした検討も必要です。

どこから何を始めるのか、実行計画をリアリティのある仮説として打ち立てストーリーを完成させます。さらにその後は、ストーリーの実行・実現過程に進みます。

この実行過程を大きく分ければ3段階に分けられます。

最初はバックキャスティングによって理想とする事業ストーリーを描く第1段階、次に事業環境をさまざまな視点で分析し、さらにフォアキャスティングも含めて現実社会への実装にあたっての計画づくりを進めストーリーを実現可能なものとして具体

図表３　事業ストーリーの具体化のプロセスと理想的なパートナー像

第１段階	ステップ０ （大きな事業ストーリーの構築）	**理想を描く（未来価値）：代表の良き理解者、語り合えるパートナー**
		深いディスカッション
		感覚の共有（理想〜絶対にしたくないこと）
		事業ストーリーを描く（妄想）　＜バックキャスティング＞
		↓
第２段階	ステップ１〜４ （アナリティカル、プランニング、クリエイティブ、オペレーショナル）	**現実社会への実装調整（情緒価値、機能価値）：マーケティング戦略パートナー**
		事業課題の分析（4P、3C・4C等）＜フォアキャスティング＞
		バックキャスティングとフォアキャスティングのギャップを埋める
		仮説を生み出す
		ストーリーを完成させる
		↓
第３段階		**実行・実現（情緒価値、機能価値）：タフでブレない実行パートナー**
		具体的方法論の検討
		アイデア、施策立案
		ゴールを設定したうえでのKPI設定
		実施、検証

著者作成

化する第2段階、それを受けてさまざまな施策を展開し、検証と修正、実施を繰り返していく第3段階です。

　このプロセスは事業ストーリーを着実に実現するための工程であり、流れを崩すことはできません。事業ストーリー抜きにいきなり課題の分析はできず、また、さまざまな広告物に関するアイデア出しや施策の立案に着手することもあり得ません。順序を踏み、なぜ、なんのために事業を推し進めるのかという事業ストーリーを立てて実現する未来価値に基づいたものでなければなりません。

その意味では、当初のバックキャスティングによる事業ストーリーの構築の段階から、全体を見通して伴走するパートナーの存在は重要です。それぞれの段階で、良き理解者、語り合える同伴者であり、戦略パートナーであり、タフでブレない実行パートナーであれば理想的です。

本当に付き合うべきパートナーを見つける

事業ストーリーの構築の具体的な実現ともいえるブランディングは、自社内のみで完結させることは非常に難しい取り組みです。いずれにしてもさまざまな広告物は社外の専門の制作会社に依頼することになりますが、それだけではなく、当初の事業ストーリーづくりをはじめ後続する分析や事業ストーリーの具体化を通じた実装調整の段階でも、優れた社外パートナーの選定が欠かせません。

そもそもバックキャスティングに基づく事業ストーリーは、夢の世界であり妄想をたくましくしなければできません。そのためには、一緒に夢が語れるパートナーが必要であって、社内では求められません。社内事情を知る人間は、そうはいってもやる人がいないとか、まだ早過ぎるとか、それでは誰もついてこない、そんなお金はないといったネガティブなワードがすぐに頭に浮かび、口をついて出てしまうからです。

仮にそうした指摘が事実であっても、とりあえず妄想し、夢を広げようとしているときに、社内事情にこだわっていては邪魔にしかなりません。必要なのは、面白そうですねとか、そうなったら地域が変わりますね、ぜひやりましょう、というポジティブな言葉です。それは社外の、しかも経営者の心や志を知る人間にしか語れません。社外人材であっても財務や業務改善に関するコンサルタントでは一緒に夢を語ることができません。一緒に夢を語り、一緒に企むことができるパートナーこそ理想的な存在です。

現状と目指したいビジョンを共有できていることが大前提です。相手が考えていることと、パートナーとしての自分が考えていること、両者がまず完璧にシンクロしなければなりません。ここがしっかり共有されていれば後続する工程で難しいことがあっても迷うことはありません。

シンクロさせるためには良いことも悪いことも互いの共通認識にする必要があります。事業の課題感など、感じるようなことも含めて言える関係にあること、市場や競合の分析も客観的に冷静に進めて同意できることが大切です。

さらには地域の課題や社会の課題をどう考え、それを事業に組み込んだらどうなるのか、最終的にどのような社会を実現する事業に育てるつもりなのか――忖度のない意見交換や議論ができ、運命共同体となって一緒に歩んでいけるパートナーが必要です。何が正解なのか分からない混迷の時代に、新しい取り組みへチャレンジする勇気と肯定感を与えるパートナーを見つけることが大切なのです。

ブランド構築に取り組もうとする企業経営者であれば、そういうパートナーをもち得ているかどうか、ブランド構築の支援のために活動しようとする企業であれば、自分たちが唯一無二のパートナーになり得ているかどうかを振り返ってみる必要があると思います。

パートナーとして最後まで伴走することでブランディングを支える

私はこれまで多くの企業、特に地方中小企業の経営者やまちの再生に挑む地方自治体などのブランドづくりに関わってきました。なんのための事業かということを徹底した議論やヒアリングのなかから探り、その人、その企業、その自治体ならではの思いが結集した唯一無二の事業ストーリーをともに書き上げることを常に意識しながら取り組んでいます。事業ストーリーをもとに商品やサービスを開発し、それらをさまざまな広告物へと落とし込みながら実際の販売活動まで一気通貫でサポートしてきました。

私の取り組みは着実に成果を生み、例えば青森県発の新たなりんごを原料にしたシードルと呼ばれるアルコール飲料は、単なる地方特産品の域を超えて、地元だけではなく都市部の日常的な飲料マーケットに確かな位置を占めて多くのファンを獲得することができました。県特産品コンクールで知事賞も受賞し、想定した売上の5倍を記録、当初の予定になかった製造ラインも増設もされて、地域のりんご農家の支援の役割も果たしています。新たな農村の付加価値を生み出していく6次産業化への展望を開くこともできました。

同様に地方自治体の農産物をテーマにしたブランド開発、大手スーパーマーケットの新業態開発や、さらに税理士事務所、歯科医院といった多様な分野でのブランド開発を手伝ってきました。

ブランディングにおいて私の会社は独特の立ち位置にあり、あえていえば事業開発コンサルタント＋クリエイティブチームという存在です。その特殊なポジションこそが伴走者として経営者に終始寄り添い、経営者の思いを引き出しながら新たなブランドを事業ストーリーとして練り上げることを可能にしています。

さらに私たちはそうしたことを一つひとつさまざまな成果物に落とし込みながら終始一貫して、事業全体を推進するサポート役になるという仕事のスタイルを貫いてきました。経営者と一緒につくりあげたストーリーの力が、社会の共感につながり最終的な売上の拡大や事業の成長を実現しています。

分析からシナリオづくり、アウトプット制作、効果検証まで一貫して進める

パートナーとともに推進するブランディングは第1段階の大きな事業ストーリーの構築を受けて第2、第3段階へと進みます。後続の2つの段階はアナリティカルフェーズに始まり、プランニングフェーズ、クリエイティブフェーズ、オペレーショナルフェーズと展開していく4ステップ（11ワーク）で構成されます。分析があってプランニングが可能になり、プランニングの一環として具体的な表現に落とし込む制作(クリエイティブ）がなされるので、各ステップは一方向に流れていくものです。どこか途中から始めることはできません。また、一部だけを取り出して進めることもできません。当然、クリエイティブだけが単独で実行されることもあり得ないのです。

本来、ブランディングは企業の事業がどのようなゴールに向かっていかに成長していくべきか、シナリオをつくり、実行していくプロセスです。その成果物にロゴ、パッケージデザイン、広告があります。ブランディングのサポートをしていますという会社がそうした広告物の制作だけを請け負っているとしたら、ブランディングの仕事とはいえません。

象徴的なビジュアルなどを中心にブランドを可視化されていても、本来のブランドづくりではありません。ブランドづくりは事業ストーリーづくりであり事業経営そのものです。事業経営には関知しない、事業内容は自分たちが関与すべきことではないとあらかじめ線を引いてしまっているブランディング会社や広告代理店もあります。事業そのものをどうするかは企業経営陣の担当範囲で、当方は関係ありませんと、悪い意味で専門性に閉じこもってしまっている会社が少なくありません。

バックキャスティングによる企みベースの事業ストーリーを練り上げることを出発点に、経営者の人となりや会社の性格、これからどういう存在になっていきたいのか、地域や社会課題の解決をどのように組み込んでいくのかといったことがすべてつなが

図表4　ブランディングのワークフロー

アナリティカル		01	アナリティクス／ビッグデータ分析	ビッグデータ／Dockpit／story bank／Google Analytics等
		02	競合分析	4P／4C、コミュニケーション戦略、クリエイティブ、インサイト
		03	ターゲット分析	ペルソナ設計／カスタマージャーニー
プランニング		04	課題抽出	企業側データと独自データをクロス分析
	クリエイティブ	05	仮説提案	方針策定、ビジネスモデル立案等
		06	コンセプト提案	テーマ、タググライン、VI(Visual Identity)等
		07	デザイン展開案	KV(キービジュアル)、ロゴ、PKG(パッケージ)、CR(各種クリエイティブ)
		08	コミュニケーション戦略立案	年間プロット等
		09	PR／CP／プロモーション施策案	オンライン施策、オフライン施策、オン／オフ施策等
オペレーショナル		10	KPI設定	
		11	実施・運用	

※Dockpit・story bankは株式会社ヴァリューズ社のサービスです。
著者作成

れば、力強いストーリーが生まれます。シナリオを書くためのアナリティカルフェーズ、プランニングフェーズ、クリエイティブフェーズ、オペレーショナルフェーズの取り組みのすべてが広い意味のブランディングであり、切り離すことのできない一連の過程です。これらを一気通貫に進めなければ、整合性のあるものとして全体を組み立て推進することはできません。

　これらの工程は1社に任せるべきものです。確かに各工程は独立したものなので、それぞれを別の会社が担うことも可能ですが、当然ながら、プランニングの作業中に分析を振り返ったり、広告表現の検討中にペルソナ設計時点の情報を振り返ったりする作業が発生することがあります。

これが別会社ではスムーズにいかず、仮に報告書のようなものが残されていても、工程をまたいだ密度の濃いコミュニケーションは実現しません。1社に全工程を任せれば、内容の連続性はもとより重点をおくべきポイントなどの連携もスムーズになり、質の向上、全体の工程のスピードアップ、迅速な判断などが期待できます。

第3章

データ活用で事業を徹底分析する

ワンストップ・ブランディング／フェーズ1　Analytical Phase

最初のステップは徹底した分析を駆使して、知り尽くしていくこと

バックキャスティングで導いた事業ストーリーは、まだ素朴な夢物語という性格が強く残っています。誰にも遠慮せず何事にも忖度しないで膨らませた夢であり、夢としての価値は大きなものがあります。しかし、まだ実現可能な事業ストーリー、シナリオにはなっていません。夢物語をシナリオに具体化することによって初めて構築すべきブランドの内容が見えてきます。その最初の作業が、自社（自分）と市場を広く知るための分析です。

具体的には3つ作業があります。1つ目は自社および事業環境全体に関するビッグデータを使った分析、2つ目は同じ市場に存在する競合他社の分析、3つ目は商品やサービスの提供の対象となるターゲットの分析で、事業の背景となる地域や社会課題についての分析もします。

図表5　ブランディングのワークフロー【アナリティカルフェーズ】

アナリティカル		01	アナリティクス／ビッグデータ分析	ビッグデータ、Dockpit、story bank、Google Analytics等
アナリティカル		02	競合分析	4P／4C、コミュニケーション戦略、クリエイティブ、インサイト
アナリティカル		03	ターゲット分析	ペルソナ設計／カスタマージャーニー
プランニング		04	課題抽出	企業側データと独自データをクロス分析
プランニング	クリエイティブ	05	仮説提案	方針策定、ビジネスモデル立案等
プランニング	クリエイティブ	06	コンセプト提案	テーマ、タグライン、VI(Visual Identity)等
プランニング	クリエイティブ	07	デザイン展開案	KV(キービジュアル)、ロゴ、PKG(パッケージ)、CR(各種クリエイティブ)
プランニング	クリエイティブ	08	コミュニケーション戦略立案	年間プロット等
プランニング	クリエイティブ	09	PR／CP／プロモーション施策案	オンライン施策、オフライン施策、オン／オフ施策等
オペレーショナル		10	KPI設定	
オペレーショナル		11	実施・運用	

著者作成

いずれの分析もできる限り多くのデータを得て、知り尽くしていくことが目標です。自社のもっているデータには限界もあり、競合他社の情報などは貧弱であることが少なくありません。当然ながら自社の視点で集められたデータしかないので偏った内容になっている可能性もあります。手に入る限りのあらゆるデータを自主的に収集し、別の視点も確保しながら徹底した分析を進めることが必要です。

ただし、単純にデータが多ければ良いのではありません。分析は、専門の調査会社もあり、依頼すれば数百ページを超えるような膨大なレポートが提出されることがあります。しかし、専門会社の分析はなんのための分析かという基本的な視点を欠いていて、分析のための分析になっていることが少なくありません。並べられた膨大なデータが相互にどのように関係し何を読み取ることができるのかといった点について説得力のあるレポートになっていないものです。しかもこうした調査は非常に高額な費用が請求されることも多いので要注意です。

まず自社と市場を知るためにビッグデータのリサーチエンジンを活用する

アナリティカルフェーズの最初にするのはビッグデータを使った自社の分析です。事業や商品・サービス（あるいは今後参入しようとしている市場）が、どういう顧客層にどのように評価され利用されているのか、プロフィールを詳細に把握します。

一般的には3C分析と呼ばれるものです。市場や顧客（Customer）、競合する事業・

図表6　3C分析

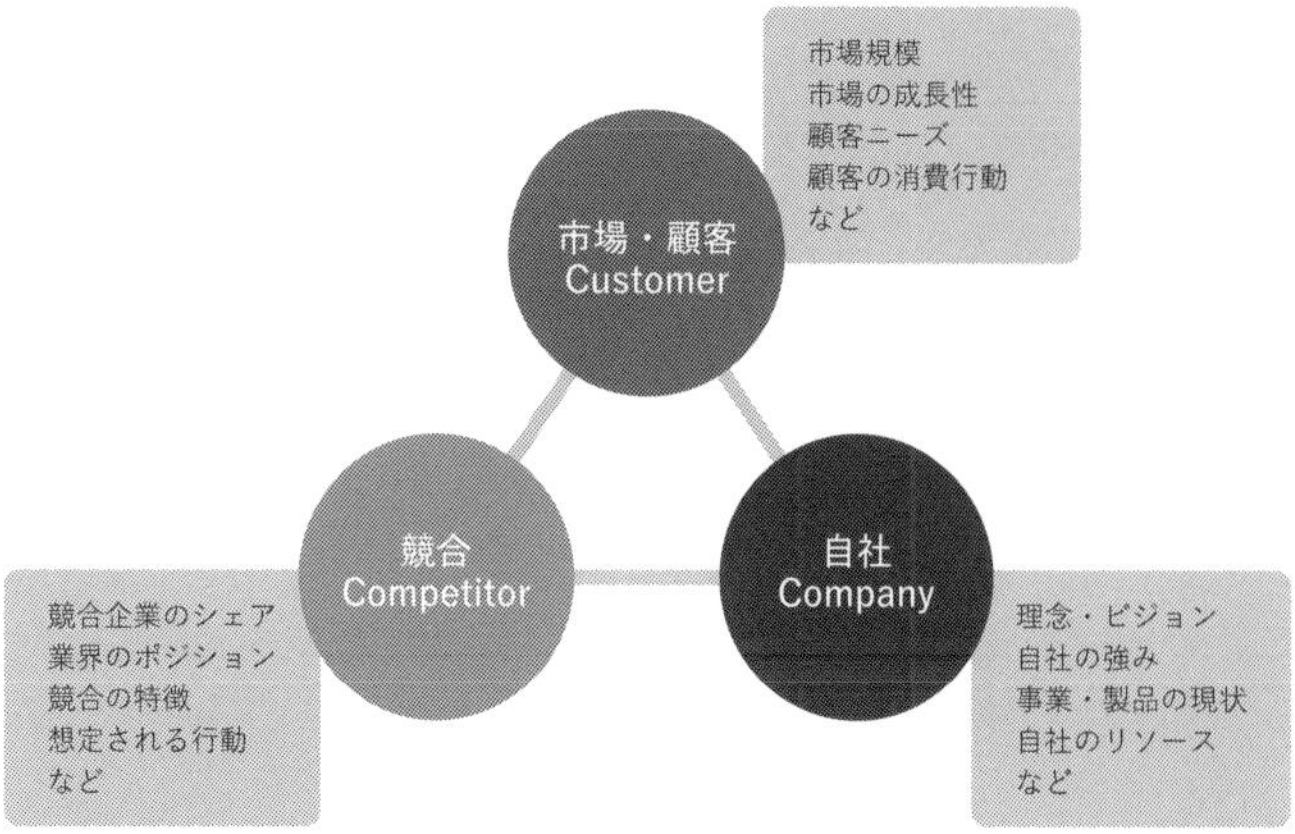

著者作成

商品・サービスや会社（Competitor）、自社（Company）の3要素から市場や顧客のニーズを把握しつつ競合する商品やサービスにどのようなものがあるかをつかみ、自社の立ち位置を明確にしていくものです。分析によって、誰に何を、どのような内容で訴求していくべきか、具体的な方向性が明らかになります。

3C分析はマーケティングの世界で普遍的な手法として定着しており、もちろんブランドづくりでも有効です。ただし、現状の一般的な3C分析は掘り下げの浅いものが多く、次の工程であるより具体的なペルソナやカスタマージャーニーの設計にうまくつながらないケースが少なくありません。最初の3C分析を内容の濃いものにして、自社や市場や顧客、競合他社を解像度高くつかみ取ることが、次のプランニングフェーズを充実させることにつながります。

ビッグデータが簡単に集められる現在、データが多いこと自体はあまり価値があるとはいえず、むしろデータが多過ぎることによって解像度が下がり、特徴が見えなくなっているという場合もあります。正解は1つではなく、データの集め方や切り方によっていろいろな結論があり得るのがビッグデータの特徴です。まずはデータを大きく俯瞰しながら仮説を立て、詳細なデータで検証し、足りないデータを新たに加えながらさらに分析を深めるという仮説思考をベースにした分析が必要になります。少しずつ霧が晴れるように対象となる消費者像や市場が見えてきます。

特に今はモノ消費からコト消費といったような流れが定着し、一人ひとりの求めるコトや背景にある価値観は多様化しています。市場は細分化され、一つひとつの消費者の固まりは小さなものになっていますが、SNSなどを通して集まっている人の関係性はむしろ強くなっています。

3C分析の解像度を高めるために必要なのは質の高いデータです。単なる量の多さではなく、さまざまなデータの背後にある意味を抽出できるものであることが求められます。そのためには、データの種類が多いだけでなく、いろいろな切り口で見直したり、ほかのデータとクロスさせて新たな発見につなげたりしていくことも重要です。現在はさまざまな機能を搭載したビッグデータのリサーチエンジンをうまく活用していくようにします。

私の会社では、株式会社ヴァリューズが提供するDockpitやstory bankを使っています。国内約250万人に上る会員のWeb行動ログデータ（毎日の検索・閲覧データ）をユーザーの承諾のうえで収集したものを基礎としています。Web上の行動ログに限定され、現在は年代を問わずWebサイトへのアクセスが情報収集の最優先・最重要手段になっているので、市場での顧客の動向や特徴をつかむためには非常に有効なデータソースといえます。

従来のデジタル上の行動分析は、一企業のサイト内の動きだけを見るものでした。訪れたユーザーが他社のサイトに移った途端にその足跡は不明になってしまいます。

しかし、このWeb行動ログデータはユーザーの手元に残っている行動データを分析の対象にしているので、サイトをまたいだすべてのデータが収集できます。1つのジャンルの商品やサービスを企業横断でいかに比較検討したのかが克明に分かるのです。また、それらのデータをさまざまな切り口で検討することができるように設計されているので、1つの事象を多面的に見ることができ、仮説を立てながらの検証もしやすくなっています。

さらに会員情報としてあらかじめ性別、年代、居住地、未婚・既婚、子どもの有無、世帯年収などを細かく把握しているので、データから読み取れる情報量が非常に多く、高い解像度で市場や顧客の傾向、事業や商品・サービスの利用動向などをつかみ取ることができます。現在は収集できるデータの種類や量が非常に多くなっているので、リサーチエンジンの活用は必須です。

以前私は青森県を拠点に温泉業などを展開している事業家から、シードルの新規開発事業のサポートを依頼されたことがあります。そのとき、すでに事業は走り始めていたのですが、なぜシードルブランドを立ち上げるのか、世の中に、何を与えて、どう変えたいのかといったことを問い直して、いったん出発点に立ち戻りながら、ブランドづくりの核となる思いと夢物語をバックキャスティングで改めて描くことから始めました。

まずシードルの「関心ワード」をチェックしていくと青森、りんご、農園、ふるさと納税、アルコール度数、前菜、ビール……などといった言葉が浮かび上がり、これを縦軸に年齢、性別を横軸においた4象限マップに落とし込んでいくと、例えば若い女性がシードルのどこに注目しているのかということが見えてきます。また、掛け合わせワードを見ると、お土産、割引、クーポンなどの言葉が並び、りんご産地の土産品の印象が強いことが分かりました。

リサーチエンジンの活用によって、シードルについてまったく知らなかった状態から、少しずつ業界の規模や市場の動き、どういうときに誰が購入し飲んでいるのかといったユーザーの顔が見え始めたのです。

図表7　Dockpitでできること

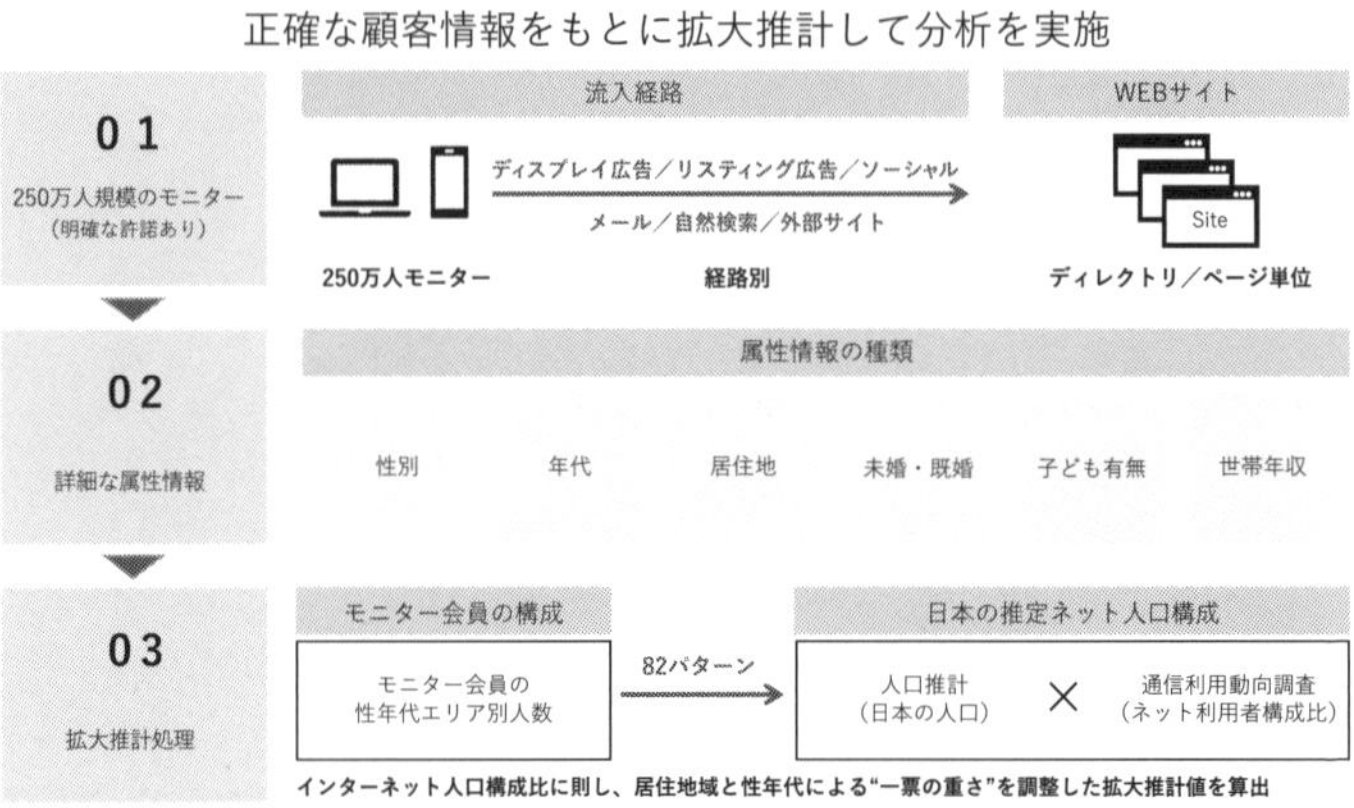

正確な顧客情報をもとに拡大推計して分析を実施
01
250万人規模のモニター
（明確な許諾あり）
流入経路
WEBサイト
ディスプレイ広告／リスティング広告／ソーシャル
メール／自然検索／外部サイト
Site
250万人モニター
経路別
ディレクトリ／ページ単位
02
詳細な属性情報
属性情報の種類
性別
年代
居住地
未婚・既婚
子ども有無
世帯年収
03
拡大推計処理
モニター会員の構成
日本の推定ネット人口構成
モニター会員の
性年代エリア別人数
82パターン
人口推計
（日本の人口）
×
通信利用動向調査
（ネット利用者構成比）
インターネット人口構成比に則し、居住地域と性年代による"一票の重さ"を調整した拡大推計値を算出

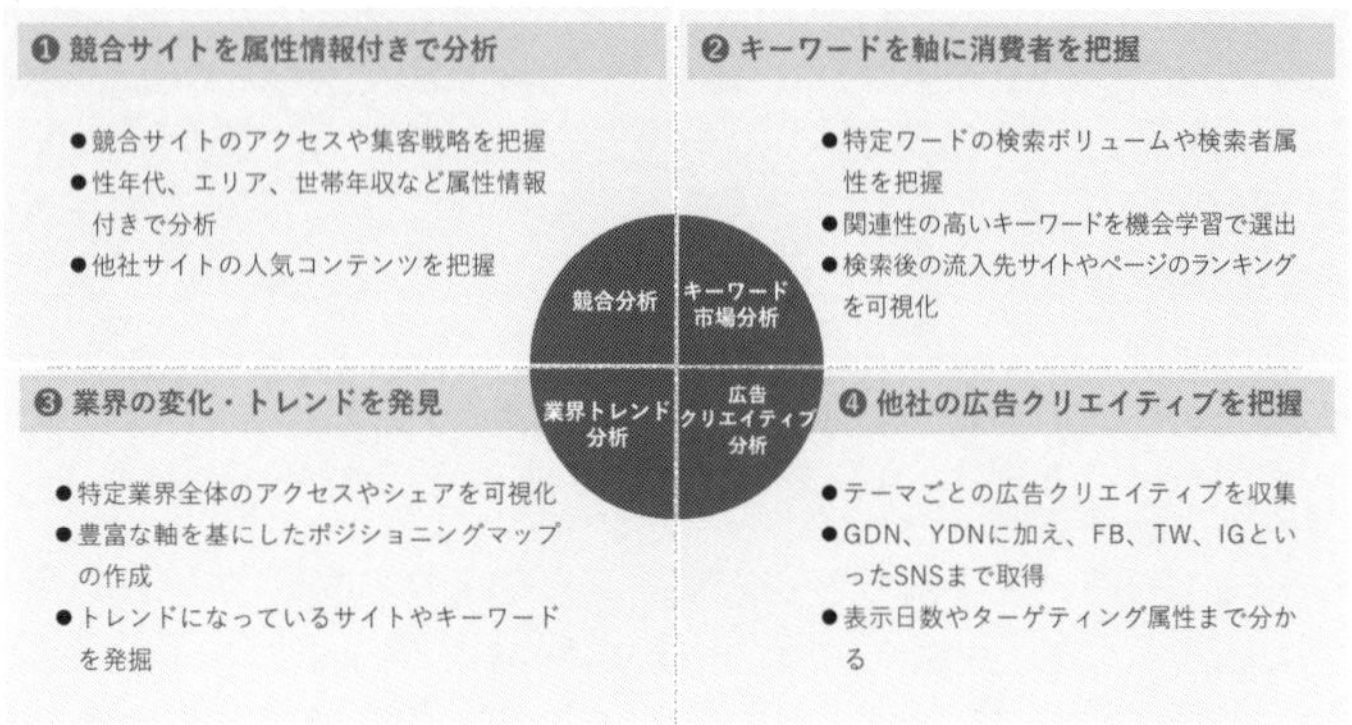

❶ 競合サイトを属性情報付きで分析
●競合サイトのアクセスや集客戦略を把握
●性年代、エリア、世帯年収など属性情報付きで分析
●他社サイトの人気コンテンツを把握
❷ キーワードを軸に消費者を把握
●特定ワードの検索ボリュームや検索者属性を把握
●関連性の高いキーワードを機会学習で選出
●検索後の流入先サイトやページのランキングを可視化
競合分析
キーワード市場分析
業界トレンド分析
広告クリエイティブ分析
❸ 業界の変化・トレンドを発見
●特定業界全体のアクセスやシェアを可視化
●豊富な軸を基にしたポジショニングマップの作成
●トレンドになっているサイトやキーワードを発掘
❹ 他社の広告クリエイティブを把握
●テーマごとの広告クリエイティブを収集
●GDN、YDNに加え、FB、TW、IGといったSNSまで取得
●表示日数やターゲティング属性まで分かる

著者作成

ビッグデータを使えば業界のアウトラインもつかめる

ビッグデータのリサーチエンジンも業界のアウトラインを知ることから役立てることができます。

実は従来の市場分析では競合との比較分析が十分ではありませんでした。企業の多くも自社のデータはもっていても競合他社の情報は少なく、売上高や利益、市場シェアなどについて、業界団体や業界紙の調査による絶対値でのランキングなどを大づかみに把握しているにすぎません。現在の多くのサイト上の行動ログの分析も企業単位で、Googleのアナリティクスにしても、Webサイトを訪れた顧客のサイト上での動きしか分かりません。

しかしこのリサーチエンジンは、顧客の行動データを見ているので、競合各社のサイトのユーザー数やセッション数、ユーザー数の推移と属性の特徴、関心テーマなどについて、各サイトを横並びで比較することができます。定量的なデータを、絶対量だけでなく各社の規模に合わせた相対値に置き換えて横並びに比較することができるので、データによる競合会社の比較が簡単にできます。

従来、データの比較機能がなかったことから競合会社との関係で分析するということはほとんどできなかったのですが、同業間の横並びの比較はブランドづくりを進めるうえで重要な指標となるものであり、競合関係のなかで自社が誰にどういうアプローチをしていくことが有望かのイメージも見えてきますし、具体的なペルソナやカスタマージャーニーの設計にも非常に大きな力を発揮します。

このリサーチエンジンを活用しながら私の会社では、顧客の企業の基本的な分析は競合他社3社を含めて、合わせて4社を比較しながら進めることを基本にしています。これによって顧客の企業が市場でどういうポジションにあるのかが明確になります。

従来も業界マップのようなものはあり、顧客の年齢層と性別とか、年収と性別というように縦軸横軸をとり、4象限のマトリクスにして自社のポジションを知ることができました。しかし、基となる詳細な比較データが欠けているため、大ざっぱな分類になっていることがほとんどです。どういう属性の顧客に支持してもらって買ってもらうのか、大ざっぱなマトリクスをいくら用意しても、具体的な顧客像は浮かび上がりませんでした。

一般にブランディングというと、データ分析よりも広告などの成果物を重視したものになっています。しかし、まず何よりも必要なのは解像度の高い分析です。

Web行動ログ以外のデータも重要

さまざまな視点からデータ分析ができるリサーチエンジンは重要なツールとして活用すべきものです。ただしこれは、特定の会員のオンライン上の行動ログに限定されたものです。アナリティカルフェーズでは、さらにほかのソースからも積極的にデータを収集し、活用していく必要があります。

例えば私の会社では独自のインターネット調査網をもっており、また小さな子ども

図表8　リサーチエンジンのオンライン行動ログ分析で見えてくること（例）

デモグラフィックデータ	性別、年代、居住エリア、未婚/既婚、子ども有/無、世帯年収
競合分析	指定URLユーザー数、セッション数、ページビュー数、ユーザー数推移、セッション数推移、性別、年代、居住エリア、集客構造、集客構造推移、ランディングページ、外部サイト、流入キーワード、検索モチベーション、広告、広告CR、コンテンツ、関心サイト、関心アプリ、併用状況
キーワード分析	指定キーワードユーザー数、セッション数、ユーザー数推移、セッション数推移、掛け合わせワード、ワードネットワーク、属性別マップ、関心ワード、類似ワード、季節比較、流入サイト、流入ページ、併用状況
業界分析	業界サマリー、業界基本情報、業界シェア、ポジショニングマップ、ユーザー属性、集客構造、流入キーワード、関心サイト
トレンド分析	掛け合わせワード、関心ワード、ワードネットワーク、ユーザー属性、属性別マップ

著者作成

を抱える若い母親のネットワークも運営しています。さまざまなテーマに基づいて、こうしたネットワークを通じたアンケート調査やサンプル調査を随時実施しています。また、企業のオープンデータの活用、各種SNSの投稿内容、Google マップや Amazon に掲載されているレビューのチェックなどユーザーボイスが拾えるものは可能な限り収集し、リアル店舗の店頭の声も収集していきます。また、ネット上のオンライン・店頭の両チャネルでの販売状況の把握も続けています。

顧客の視点に立って、提供する事業や商品・サービスを振り返る

Web行動ログ分析を通した自社の現在のポジションや事業、商品・サービスの市場での位置などの詳細な分析によって、今後事業を通して市場に提供しようとする商品・サービスが、どのようなものであるべきかというアウトラインがはっきりとし実像が分かるようになってきます。

こういう属性でこういうライフスタイルをもった人に、このような事業（商品・サービス）を通して他社にはない、こういう価値を提供するというようなイメージです。さらにここまでの分析と方向性をいったん整理し、内容の妥当性を改めてチェックするために、いわゆる4C分析をしていきます。

4C分析も3C分析と同様にマーケティングの世界でしばしば使う手法です。

4C、つまり顧客価値（Customer value）、購入価格や購入手間などの顧客負担

図表9　4P分析と4C分析

4P （企業分析）		4C （顧客視点）
Product 製品・サービス	→	Coustomer Value 顧客価値
Price 価格	→	Cost コスト
Place 流通	→	Convenience 利便性
Promotion プロモーション	→	Communication コミュニケーション

著者作成

(Cost)、購入時の利便性（Convenience)、さらに顧客にとっての身近さ（Communication)の4要素を、商品やサービスを受け取る顧客の視点で見直したときの事業（商品・サービス）の特徴であり独自性です。

マーケティングの世界では長く4P分析が提唱されてきました。製品（Product)、価格(Price)、流通・チャネル（Place)、プロモーション（Promotion）の4つの視点から事業戦略や販売戦略を振り返り、完成させる考え方です。1960年代に提唱され、大量生産・大量消費時代にものを供給する側の視点から整理されたもので、これを顧客側の視点で改めて整理したものが4C分析です。4Pをベースにし、4C

で見直して顧客視点を納得させるものになっているかをチェックする、というアプローチも可能です。

4Pと4Cという2つの視点を行き来しながら事業や商品戦略をチェックすることで、より信頼性が高く整合性の取れた方向性であると確認することができます。チェックがクリアでき前に進めると判断できれば、アナリティカルフェーズのゴールであるペルソナとカスタマージャーニーの設計に進みます。

ペルソナを設計する

ペルソナとはその事業（商品・サービス）の受け手のプロフィールを具体的に描写するものでいわば想定顧客像です。

これが具体的であるほど、次のプランニングフェーズでつくりあげる事業ストーリー、シナリオが具体性をもち、狙いを定めた顧客に、まさにこれが欲しかったと受け止めてもらうことができます。タグラインやロゴデザイン、ビジュアルイメージなど、そのあとに要求される要素も、より具体的で顧客に届きやすいものになります。

ところがペルソナは単なる性別や年齢、職業、居住地、年収といったデモグラフィックデータ、つまり人口統計学的なデータでは描くことができません。性格やライフスタイル、価値観、嗜好や夢といった心理的属性を示すデータを踏まえて、実際どういう人が何を考えてどのような行動を採っているのかというリアルな動きを知ることが必要です。

これはＷｅｂ上の行動ログを収集・分析するリサーチエンジンを使用して探ってもなかなか分かりません。どういうことに関心があるかということは定量的なデータとしてつかめても、どういう動機によるものなのか、どんな背景があるのかということは、データからは見えないからです。しかしペルソナを描くためには、ここまで掘り下げなければならないので、従来は似たようなタイプと思われる人物にヒアリングをしたりアンケート調査を行ったり、ＳＮＳ上の発言や行動を追跡して類推したりするという方法しかありませんでした。

この分析についてもオンライン上のビッグデータをはじめとするさまざまなデータを収集し、さらにＡＩによる分析を加えることで、個人的であやふやな推測ではなく、精度の高い定量・定性的な分析ができるツールが開発されています。これらを活用すればペルソナを詳細に絞り込むことができます。

例えば私の会社で使っているツールの一つに、story bankという、あるグループのネット会員のなかから約30万人に承諾を得てモニター会員としたものがあります。単に行動ログを追跡するだけでなく、特定のキーワードの検索やＷｅｂサイトのアクセスについて、その行動の前後30分から３時間の間に会員がどんな検索をしたか、どんなサイトを閲覧したかを時間軸でとらえて分析することを特徴にしています。仮に検索されたワードは同じでも、人によって検索の理由はさまざまです。検索数は分かっても、検索の動機までは分かりません。しかし、理由のなかにこそ、ニーズが潜んでおり、提供すべき商品やサービスが何であればニーズに応えられるかという解答があります。

このツールでは時間軸でＷｅｂ上の行動を細かく見ることで、ある人が何に関心を

図表10　story bankができること

**一人ひとりの特定のWEB行動における前後の動きを可視化することによって、
検討過程でどのような検索・サイト閲覧を行っているのかを把握することが可能**

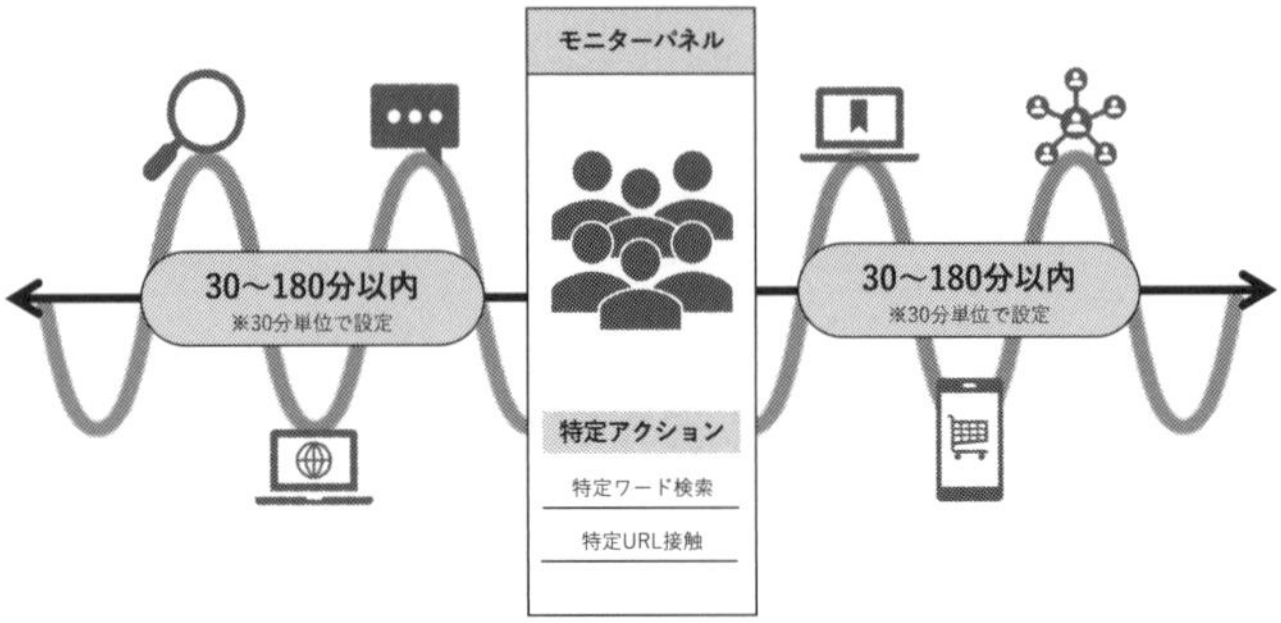

モニターパネル
30〜180分以内
※30分単位で設定
30〜180分以内
※30分単位で設定
特定アクション
特定ワード検索
特定URL接触

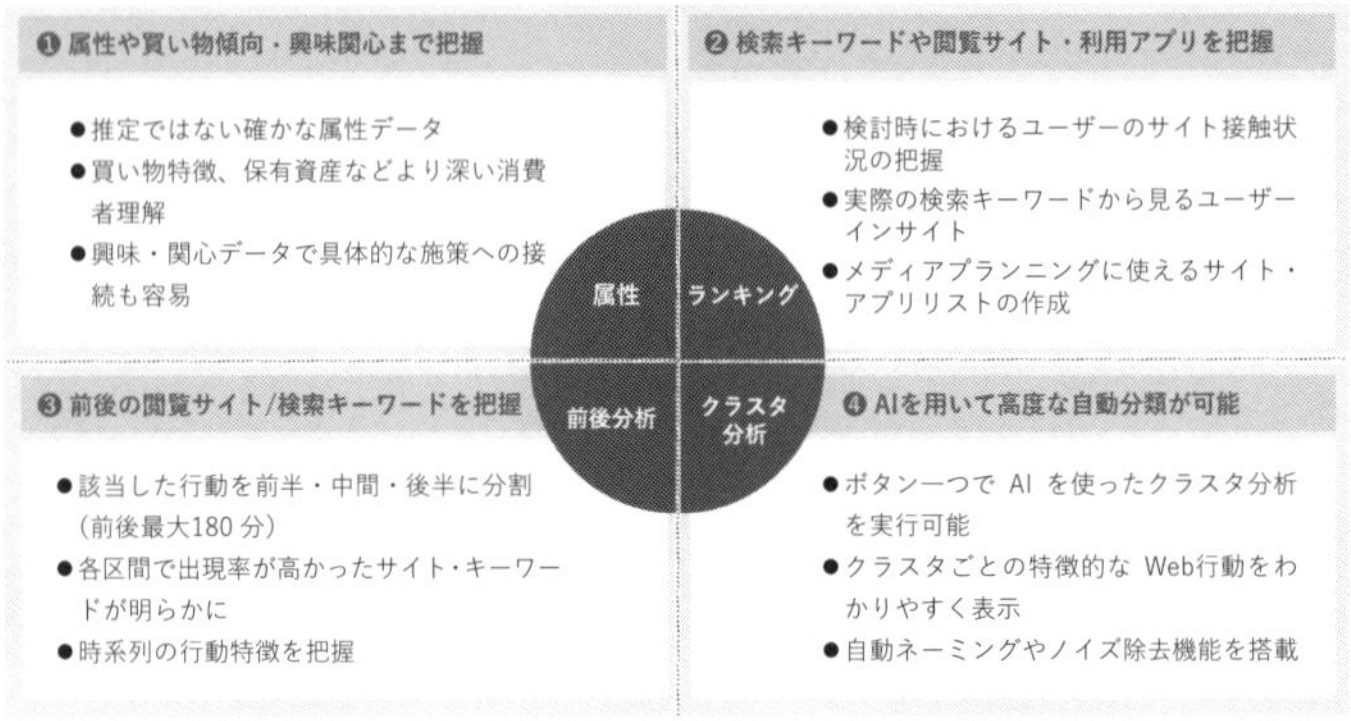

❶ 属性や買い物傾向・興味関心まで把握
●推定ではない確かな属性データ
●買い物特徴、保有資産などより深い消費者理解
●興味・関心データで具体的な施策への接続も容易
❷ 検索キーワードや閲覧サイト・利用アプリを把握
●検討時におけるユーザーのサイト接触状況の把握
●実際の検索キーワードから見るユーザーインサイト
●メディアプランニングに使えるサイト・アプリリストの作成
属性
ランキング
前後分析
クラスタ分析
❸ 前後の閲覧サイト/検索キーワードを把握
●該当した行動を前半・中間・後半に分割（前後最大180分）
●各区間で出現率が高かったサイト・キーワードが明らかに
●時系列の行動特徴を把握
❹ AIを用いて高度な自動分類が可能
●ボタン一つで AI を使ったクラスタ分析を実行可能
●クラスタごとの特徴的な Web行動をわかりやすく表示
●自動ネーミングやノイズ除去機能を搭載

著者作成

もって知ろうとしているのかを掘り下げて分析するようにしています。さらに検索ワードの種類から会員を一定のクラスタに分けてそのユーザー群の特徴を掘り下げたり、Web上の行動履歴だけでなく、アンケート調査によって得た家族形態やよく使っているメディア、買い物先、保有資産などの情報を掛け合わせたりすることで、より具体的な消費者のストーリーが分かるようになっています。ペルソナの設計の際に人物像に現実味をもたせるために非常に役に立つツールだと思います。

ペルソナの設計は従来、非常に大ざっぱなままで済まされたり、設計者の想像を加えてそれらしくつくったりしたものが少なくありません。しかし今は、実際の顧客の行動を大量のデータでとらえ、AIを駆使して具体的なペルソナ像を導き出すことができるツールが開発されていますのでぜひとも活用すべきだと思います。ペルソナを絞り込み、解像度を上げるだけ、受け手の心に響くブランド開発やさまざまなアウトプットの制作につながるからです。

データの分析を通してリアリティを確保する

分析ツールの活用によって、実際どこまでペルソナが具体化できるのかの例として、注文住宅事業を展開する建築業者のブランド開発を担ったときのことを挙げます。

まず総合的なリサーチエンジンで注文住宅市場の概要をつかみ、その後いつものように同業3社をピックアップし、相対比較をしながら顧客の企業の特徴や市場で占める位置などを見ていきました。

クライアントのサイトのユーザー数や閲覧数、注目されているコンテンツの内容といったことを見ていくと、ユーザーの年齢や家族構成、年収などのデモグラフィックデータ上のプロフィールが近く、実際に併用して見ている人が多い競合会社が3社のなかにありました。

そのうちのA社もクライアント企業もどちらもデザイン性や自由設計を特徴にして

いました。大手ハウスメーカーのＷｅｂサイトを経由して入ってきていることが多いという共通項もありました。しかしこのままでは、Ａ社とクライアント企業のペルソナに意味のある区別を付けることができず、何をどういう切り口で訴求していくか、どう表現するかというプランニングができません。そこでＷｅｂ行動を時間軸で追って消費者理解を深めるツールを使って、さらに分析を深めると細かいところでの差異が見えてきたのです。

例えばＡ社の客層はサイトへの訪問の前後に、建築家のサイトや照明や輸入家具などを見ることが多く、クライアント企業の客層は子育てや健康、家族のコミュニケーション、教育といったテーマへの関心が深いことが分かりました。同じようなデザイン性、自由設計といっても内容には違いがあるのです。また、分析ツールのアンケート調査に基づくプロフィールの分析を重ねていくと、客層の年代は同じ40～45歳の範囲とはいえ、Ａ社は44・7歳、クライアント企業は40・7歳でやや開きがあること、新聞やテレビなどのメディアへの接触状況ではＡ社の客層はテレビや新聞が多く、クライアント企業の客層はＳＮＳが多いという違いもありました。

さらに買い物行動上では、広告や店頭のポップなどで紹介されている商品をよく買っているか、ポイント還元や割引サービスに対する反応はどうか、そもそもＥＣサイトの利用割合はどの程度か、１カ月に使える自由なお金はどれくらいか、子どもの教育への支出は多いか、投資などはどの程度しているかなど、ベンチマークに置いたA社とクライアント企業との差異を細かく見ていくことで、それぞれのプロフィールがより明確になっていったのです。例えばA社の客層は経済やビジネスに関心の高い人が多く、クライアント企業の客層には育児や教育投資に関心の高い人が多いといった違いが見えてきたのです。

ほぼ客層が重なっていると見えたA社も、そう見えたのは当初のデータが不足していたからであり、分析が甘かったのです。多くの仮説を立て、さまざまなデータをクロスさせていけば、見えなかった差異も見えてきます。

従来の３Ｃ分析の顧客分析にここまでの精度はなかったのですが、デジタルデータが豊富に取得できる現代は踏み込んだ分析が可能になります。しかも何と何を掛け合わせたときにどういう事実が浮かび上がってくるのか、データ分析の取り組みはまだ発展途上で大きな可能性をもっています。

さらにWeb上の行動解析だけでなくPOSレジが普及し、キャッシュレス決済比率も2022年の実績で36パーセントまで上昇している現在（経済産業省調べ）、購買に関するデータも着実に積み上がっています。現金で決済されてしまえば、いつ誰が何を買ったというデータは残りません。しかしキャッシュレス決済なら、購買に関するすべてのデータが残るため、ある個人が何を買ったかを時系列で漏れなく把握することが容易になっています。今まではクレジットカードなどが使われたときだけ、点のデータとして誰が何を買ったかが分かったのですが、同じ決済手段が連続して使われれば、どこで何を買い次にどこで何を買ったか、という線のデータとして時間軸での追跡もできるようになります。

1992年頃、アメリカのシステム会社があるスーパーマーケットのPOSデータを分析したところ、おむつとビールがセットで買われることが多いというデータが示され、この2品を店内で近接して置けば販売促進につながるということが話題になったことがありました。これは1店舗内のことですが、一人ひとりのキャッシュレス決済を追いかけ、ビッグデータを分析すれば、まちのなかでの購買行動の傾向が、さまざまな切り口でつかめることになります。

データをどこまで活かせるかということは、これからもブランドづくりの分析フェーズで非常に重要です。解像度が上がるほど、ペルソナやカスタマージャーニーの設計が緻密にできるようになり、事業ストーリー、シナリオも、さまざまなアウトプットも、より的を射たものになっていくからです。

カスタマージャーニーとは、顧客がその商品やサービスと出会ってから、その内容を知り、欲しいと思い、実際に購買の行動に出て実際に消費し、さらにリピートしていくという、認知から購買までの流れを旅（ジャーニー）に置き換えて仮想の物語としたものです。ペルソナが設計できれば旅の物語も書くことができます。

一般に企業は自社のユーザーのことを知っているようで知りません。特に地方の中小企業は、自分たちの商品をどういう人がなんのために使っているのか、実はよく分からないということが少なくありません。自社の顧客にせよ競合他社の顧客にせよ、なぜその商品が選ばれるのかを知ることはブランドをつくる場合に大前提となるものです。モノが足りず、旺盛な需要が常にあって、市場に出せば右から左にモノが売れた時代はそれでも良かったのです。しかし今はそれが必要だという人を探して確実に届けなければなりません。そのためには徹底した分析とペルソナの設計が欠かせないのです。

実際にペルソナをどう描くか、そして購買までを旅物語のように追っていく

私が担った新たなシードルの開発事業は、地元の事業家が特産品であるりんごの出荷先を少しでも増やしたいという思いから始めたものでした。すでに基本的な商品企画は終えていて、パッケージデザインの相談を受けたものについて、私はこの事業企画のままでは青森の土産品の一つとして、りんごのパイやせんべい汁、つがる漬などと一緒に空港や駅の土産品コーナーに置かれるだけでは事業としても成長しない、10年後に続けていることができるかどうかも怪しいと思いました。

そこで私は事業企画を最初から立て直すことを提案し、シードルの分析から始めました。シードルの市場や競合の分析、どういう人にどういう飲み物として、どういう味で提供すれば日常的に料理とともに楽しんでもらえるようになるのか、リサーチエンジンや消費者の行動をリアルに再現する分析ツールなどを使いながら分析を深めました。さらにWeb行動ログだけでなく、日常の飲料に関するアンケート調査を男女合わせて約1万4000人を対象にして実施し、リアルな声も集めて分析しました。

そのなかからローカルの土産ブランドではなく、広く市民が日常的な飲み物として、冷蔵庫に当たり前のように貯蔵してビールやハイボールの代わりに楽しむものにしたいと考え、甘くない、しかし爽やかなりんごの風味が残るドライセッティングのハードサイダーとポジションを決め、ペルソナも男女それぞれについて非常に細かいものをつくっていきました。

ペルソナの設計にあたって注意すべきことは、できるだけ具体的な人物像としてつくりあげなければならないということです。30代主婦層などという設定では性格や特徴のぼんやりした誰にも魅力が感じられない商品やサービスしか生み出せません。着ているものから休日の過ごし方まで、目に浮かぶようなリアリティが必要です。そうでなければ、どういう価値やメッセージを届けるのかという中身が見えてきません。

ただし具体性は、分析に基づいた合理性のあるものでなければなりません。もし具体的なイメージが湧いてこないなら、それは分析が不足しているからです。もう一度分析に立ち戻って掘り下げることが必要です。

ペルソナがきちんと描ければ、その想定顧客とはどこでどう出会うことができるか、マス媒体なのかＳＮＳなのかそれとも街頭広告、あるいは電車の車内広告なのかスポーツジムなのか、という顧客接点も浮かび上がってきます。メッセージを届けるために、どのような内容でどうデザインされたものをいつどこで示せばいいのかが具体的になってくるのです。

ペルソナの設計例（シードルの場合）

（1）男性

■基本情報

男性（既婚）、38歳、会社員（建築デザイナー）、妻（事務職）との2人暮らし。世帯年収1000万円、東京都江東区清澄白河の賃貸マンション（2LDK）に住む。

■思考・価値観

［どんな生活をしているか］

大学は建築デザイン科を卒業。学生時代は映画サークルに所属し、友人とともに自主制作で短編映画を制作するほどの映画好き。現在は建築デザイナーとして会社に勤め、40歳になったら独立を計画中。2015年に結婚。あえて子どもはつくらず、夫婦2人での生活を楽しむ。

［どんな価値観をもっているか］

トレンドに敏感で、価値があって長く愛着をもてるモノを好む、大人数よりも少人数のほうが好き、なんでもシンプルなものが好き、価格よりもデザイン性・機能性を重視。仕事も好きだがプライベートとのメリハリを重視、好きなモノへの探求心が強く深い知識。

［何が好きか］

映画、アート、インテリア（イケア等の量販店ではなく中目黒のビンテージ家具屋が好み）、グルメ、カフェ、読書、ガジェット好き。

YouTubeよりNetflix派。車（トヨタハリアーを所有）。旅行が好きで仕事柄有名建築家の建造物見たさに日本はもとより年1回は海外へ旅行（JAL派：マイレージを貯める）、最近はコロナ禍のため車で行ける関東近郊を妻と日帰りドライブ。

［何を人生で望むか］

海外での生活・仕事に憧れがあり、会社を立ち上げ一定の功績を上げることを望む。仕事とプライベート両方の充実。

［どんなことが悩みか］

学生時代以降スポーツに興じる機会がなく、コロナ禍で運動不足を少し実感。何か新しく体を動かす趣味を見つけたい。

［どんなお店が好きか］
量販店よりは一点モノ（長く愛用できる価値あるもの）やビンテージ品を好む。飲食店はチェーン店には行かず、もっぱら個人経営のお店。いろいろなブランドを着るよりは好きなブランド2つを愛用。部屋着などはユニクロよりは無印派。家電は大手総合家電メーカーよりはデザインと機能性を重視したバルミューダなどを好む。お酒も好きでワインやウイスキーなどを好む。ビールも好きだが缶ビール・生ビールよりもクラフトビール派。
［どんなメディアに接しているか］
アプリやＷｅｂからも情報収集するが、雑誌も好きで現在はタブレットで雑誌を購読。ＳＮＳ（Twitter や Instagram）でも情報収集。
［何を求めてその製品を買うか］
価格よりデザイン性・機能性を重視。また長く愛用できるかどうか。

（２）女性

■基本情報

女性（既婚）、37歳、専業主婦、夫（39歳）、子ども（娘・５歳）トイプードル（３歳）を飼う。世帯年収８００万円、神奈川県藤沢市（戸建て）に住む。

■思考・価値観

［どんな生活をしているか］

独身時代は横浜の商社で事務職のＯＬとして勤め、当時は旅行とヨガが趣味で特に旅行は国内だけでなく、年に1回は海外旅行も楽しんでいた。

２０１２年に結婚し、出産。今年子どもも小学生に入り、ある程度時間に余裕ができ、自分の趣味の時間も増えてきた。近所のママ友との交流も積極的で週１回はママ友とお茶会を楽しむ。

［どんな価値観をもっているか］

好奇心・消費意欲が旺盛。賢くお買い物したい。普段の生活が少しでも豊かになることを望む。環境への意識も高い。食べ物は少しの価格差であれば質を重視、健康への意識も高い。
ファッションはファストファッションで着こなしを楽しむ。
［何が好きか］
料理、ガーデニング、家庭菜園、グルメ、オーガニック、ハーブ、旅行、プチプラファッション、コスメが趣味。最近は旅行に行けないので食べチョクなどで地方の食材も購入。
［何を人生で望むか］
将来はスローライフで自給自足が夢。あくせく働くよりものんびりと生活したい。
［どんなことが悩みか］
コロナ禍で大好きな家族旅行や帰省もできないのが悩み。休日はガーデニングや家族で近所のショッピングモールへお買い物。家中での食事を楽しむため、凝った料理にも挑戦。最近は自宅で採れたハーブを使って子どもと生地からピザ作り。
［どんなお店が好きか］
普段はディスカウントスーパーで買い物するが、休日はちょっと贅沢な気分を味わ

図表11　ペルソナ設計の流れ（シードルの場合）

フェーズ	認知・興味	比較検討	購入	飲用	共有・拡散
タッチポイント			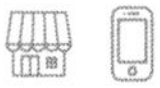	—	
行動	●TV･雑誌等のメディア ●店舗 ●SNS ●友人からのおすすめ	●購入できる場所を探す ●クチコミ＆レビューを確認 ●WEBサイトを閲覧 ●他ブランドと比較 ●お気に入り登録	●クーポンなどを探す ●店舗・ECで購入	●飲んでみる	●SNSで共有 ●レビューを書く ●友人におすすめする
思考	●おいしそう！ ●どんな味がするんだろう？ ●飲んでみたいかも！ ●どこで買える？ ●値段はどれくらい？	●どこで買えるかな？ ●近場で売っている店舗は？ ●購入者の評価は？ ●ほかにもいいものがあるかな？	●オトクに買えてラッキー！ ●誰と飲もうかな？ ●いつ飲もうかな？ ●ペアリングの食事はどうしよう？	●おいしい！ ●食事との相性も◎	●インスタに投稿しよう！ ●レビューも書こう！ ●友人におすすめしよう！

感情

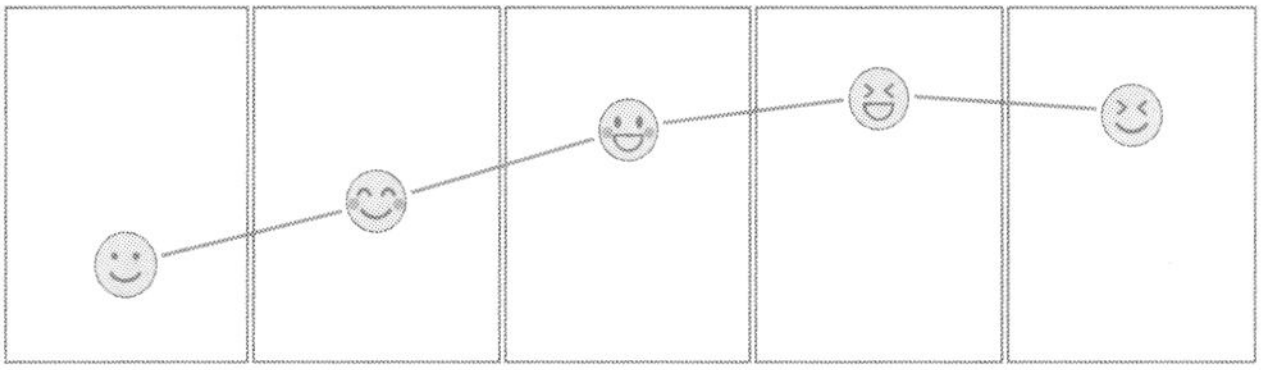

著者作成

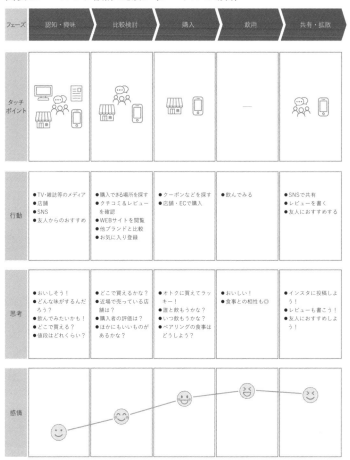

いたくカルディや紀ノ国屋などで買い物も。

［どんなメディアに接しているか］

雑誌Hanakoを購読。料理はcookpad、クラシルを参考。SNSで料理・美容・同世代ママのプチプラファッションアカウントをフォロー。

［何を求めてその製品を買うか］

価格よりも製品の背景にあるストーリーへの共感、質へのこだわりあり。

ここまで詳細なものがいるのかと思われるかもしれませんが絶対に必要です。そうでなければ事業プランや制作物の内容が見えてこないからです。ここまでペルソナが見えてきて初めて、その情報をもとにカスタマージャーニーを描くことができます。

基本的には誰もが「ニーズ・認知」（こういうものがあったらいいな）、「商品・サービス認知」（こんな商品・サービスがあったのか）、「比較検討」（どれがいいのだろう）、「契約・購入」（購入を最終的に判断したい）、「利用」（使い方を聞きたい・問い合わせをしたい）、「再購入」（利用を続けたい）、という段階を踏んで商品・サービスとの関係をもちます。各段階で、どういう接点でどういう内容の情報提供をすれば購入へと進んでもらえるのかを考え、どの段階の顧客が多いのか、どこに力を入れるべきかを判断します。

地域課題、社会課題を知る

自社と市場、競合会社の分析、顧客になることが想定されるターゲットの分析が、ブランディングの入り口であるアナリティカルフェーズで進めるべき要点です。

このフェーズでは、これらに加えて地域・社会環境についてどういう課題があるのかということも分析します。

地域の抱える課題や社会課題と無縁のところで、事業ストーリーを描くことはできません。事業を支えるのは地域やその住民であり社会です。また事業を通して人々に幸福をもたらし、地域や社会をより良いものにしていくという役割を担うところに企業の根本的な存在価値があります。特に地球環境問題が深刻化するなか、誰ひとり取り残さない、持続可能で平等な社会を実現することは、政治の課題であるだけでなく企業の果たすべき社会的な責任であるとされています。

２０１５年９月に国連で採択された持続可能な開発目標（ＳＤＧｓ：Sustainable Development Goals）は17のゴール・１６９のターゲットから構成されていますが、目標達成のためには各国政府だけでなく企業が果たすべき役割も大きいとされ、その創造性とイノベーションに期待が寄せられています。

企業が提供する製品やサービスが環境に配慮した持続可能なものであるか、原材料調達などのサプライチェーンで社会的な不正や格差を助長するようなことが行われていないか、といったことに対する注目は高まる一方です。また、その企業が、現在の社会や未来に向けてどのような役割を果たそうとしているのかといったことにも関心が集まっています。

さらに21世紀初頭に国連は責任投資原則を公表し、環境問題（Environment）や社会問題（Social）、企業統治（Governance）の要素を投資の意思決定に組み込むことを求め、それをきっかけに、それぞれの頭文字を取ったＥＳＧ投資という言葉も生まれました。この点からも環境や社会問題の解決に踏み込んだ企業活動が求められるようになっています。現在の消費活動の中心を担いつつあるミレニアル世代（１９８１〜１９９０年代なかば頃にかけて生まれ、２０００年以降に成人となって社会に出た世代）やそのあとのいわゆるＺ世代は、特に地球環境問題や企業の社会的・倫理的責任に敏感であり、その意識の低い企業に支持は集まりません。

事業ストーリーの構築に向けては、それをどういう環境のなかで何を目指して進めるのか、地域・社会課題の解決に事業を通してどう取り組むのかという視点を欠かすことはできません。

地域課題の現状を詳しく分析し、新事業で目指すべきものを明確にする

シードルの事業開発に取り組んだ青森県でも、地域が抱える問題は深刻でした。栽

培面積、収穫量とも全国の約半分を占める青森県産のりんごで見ると、栽培面積は１９８８年をピークに減少を続け、２００3年に2万３３３１ヘクタール、２０２１年には2万３３６ヘクタールまで減っていました（青森県りんご果樹課調べ）。

県内でりんご生産を続けている経営体数も減少しています。２００5年には約１万７０００あったのが、10年後の２０１5年には約1万３８００、２０２０年には約１万１５００にまで大きく減少しています（産経新聞電子版２０２２年3月12日付）。しかもりんご農家の多くは家族経営で、高齢化や担い手不足によって廃業せざるを得ないというケースがあとを絶ちません。

苦しいのはりんご農家だけではありません。県の主要産業である農業全体が、特に人手確保の面で厳しい状況にあり、青森県の農業従事者を年代別に見ると60歳台、70歳台の女性が多いという特徴があり、女性比率はすべての都道府県のなかで最も高くなっています。後継者不足は深刻で、「5年以内に農業を引き継ぐ後継者を確保している」のは全体の17・8パーセントにすぎません。（「青森県の農林水産業の動向（２０２１年）」青森県農林水産課）

県勢全体で見た地盤沈下も深刻です。２０２０年の総人口は約１１９万人と、ピークであった１９８３年の約１５２万９２００人に比べて30万人以上も減少しています。高齢化率は34・３パーセント（２０２１年総務省統計局）、加えて高校卒業後や大学卒業後に県外に転出する若者も多く、毎年転出超過が続いています。さらに青森県の２０２０年度の県民所得は推計で２６３万３０００円（青森県統計分析課）で全国で30位台後半や40位以下のこともあるなど低水準にあります。

青森県のこうした状況をどう変えていくのかに対する回答をもたない事業計画はあり得ません。新たなシードルの開発は青森県のりんごづくりに希望を見いだし、りんご農家に未来を示して地元を元気づけ、若い人の定着を図るものにつなげていかなければならないはずです。その実現にどう貢献するのか、それも新たなブランドづくりとしての事業ストーリーのなかに描いていくことになります。

ここまでできれば分析の段階は完了です。分析で明らかになったことを踏まえていよいよ具体的なビジネスモデルとして事業ストーリー、シナリオを書き上げていくプランニングフェーズに入ります。

このフェーズでは、ブランドづくりの核としてできていく事業ストーリー、つまりシナリオづくりも、事業に携わったり、そしてファンとなって愛して支持してくれたりする人の心にピンポイントで届いていくものでなければなりません。そして、生涯のコアなファンとなってくれるような、特定の小さなグループとの関係を持続的、継続的に維持しながらＬＴＶ（Life Time Value：顧客生涯価値。ある顧客が自社と取引を開始してから終了するまでの期間に、自社にどれだけの利益をもたらしてくれるかを表した数値）の提供を通して、ブランドを成長させていくということが求められています。そのためには、どういう属性をもった顧客が自社にとって訴求の対象になるのかということをアナリティカルフェーズからしっかりと意識し、実際にはっきりと姿をつかんでいくことが必要であり、文字どおり詳細に知り尽くすことが最も重要です。

しかもこの工程はスピーディーに進めていくことが必要です。次のプランニングの工程で具体的にビジネスモデルを立案していく時点では、検証・再構築・再検証といった手間の掛かるプロセスを経なければ最終的な事業ストーリーとシナリオはできあがりません。できなければ制作にも入れないので、分析工程をいかに素早く完了し、新製品発売・新サービス開始までの時間を確保するかは、後続する工程の精度を高めるうえでも非常に重要です。

私はアナリティカルフェーズに割く時間は長くても2週間程度と考えています。一般的には1カ月、なかには2カ月以上も掛ける会社もあるようですが長過ぎます。新規事業の場合はいち早くスタートさせることが優位なポジションの獲得につながりますので、分析に掛ける時間はできるだけ短くすることが必要です。

第4章

分析をもとに理想のシナリオを描く

ワンストップ・ブランディング／フェーズ2　Planning Phase

事業ストーリーの軸となるものを設計する

プランニングフェーズでまず必要になるのは、実現すべき事業の柱となるもの（商品やサービス）そのものの設計です。

どのような事業として新たなブランドを打ち立てるのか、夢物語としての事業ストーリーは、すでにアナリティカルフェーズ以前の企みの段階でできています。

そして、ブランドづくりの最初のステップとして取り組んだアナリティカルフェーズを通して、新たな商品やサービスが市場のなかで占めるべき独自のポジションも明らかになり、購買層となるペルソナも設計できています。

ここからはそのペルソナに、これが欲しかったと受け入れられる機能価値と情緒価値の両方を併せもったものを、さまざまな視点でチェックしながらつくりあげていくことになります。

図表12　ブランディングのワークフロー【プランニングフェーズ】

アナリティカル		01	アナリティクス／ビッグデータ分析	ビッグデータ／Dockpit／story bank／Google Analytics等
		02	競合分析	4P／4C、コミュニケーション戦略、クリエイティブ、インサイト
		03	ターゲット分析	ペルソナ設計／カスタマージャーニー
プランニング		04	課題抽出	企業側データと独自データをクロス分析
	クリエイティブ	05	仮説提案	方針策定、ビジネスモデル立案等
		06	コンセプト提案	テーマ、タグライン、VI(Visual Identity)等
		07	デザイン展開案	KV(キービジュアル)、ロゴ、PKG(パッケージ)、CR(各種クリエイティブ)
		08	コミュニケーション戦略立案	年間プロット等
		09	PR／CP／プロモーション施策案	オンライン施策、オフライン施策、オン／オフ施策等
オペレーショナル		10	KPI設定	
		11	実施・運用	

著者作成

機能価値については、価格や性能といった最も基本的なものはほとんど違いの出ないものになっていますが、原料の調達から最終の消費段階までのサプライチェーンがさかのぼれるトレーサビリティがあるかどうか、生産工程やサービス提供の仕組みのなかで、末端の委託先まで含めて、違法な雇用や就労が行われていないかなどがチェック対象となります。さらにはCO_2の排出抑制がどの程度されているか、健康に有害なものは使われていないか、パッケージを含めてリサイクルへの配慮があるか、といった環境性能についても厳しい目が注がれるようになっています。基本的な信頼性、法令順守、環境や健康といった点を考慮した商品・サービスの設計は必須のポイントです。

そのうえで、新たな商品・サービスが顧客にどのような情緒価値をもたらすのか、この点を丁寧に設計していかなければなりません。情緒価値は、商品やサービスを利用することによって得られる精神的な付加価値であり、モノが溢れ、差のない一般的な商品となってしまうコモディティ化が進むなかで、選ばれるための決定的に重要な要素となっています。使うことで楽しくなる、気持ちがいい、心が落ち着くといった価値であり、自分の世界観・価値観に近いほど、自分らしさを表現してくれるものとして受け止めてもらうことができます。

私の会社がサポートした新しいシードル飲料の開発でも、こうした機能価値・情緒価値の設計で議論を重ねて、新飲料の開発に反映させていきました。甘みを抑えたスーパードライシードルという今までのシードルにない味をつくることをこの新飲料が備える機能価値の基本としました。そして、さらに加えて、トレーサビリティの明確化はもちろん、無添加・無着色、無濾過・フレッシュプレス、非加熱醸造といった環境面を意識した機能価値が発揮できるように製法の工夫を進めました。ペルソナにあるように、私たちのシードルが想定しているのは、男女ともできるだけ環境に負荷をかけないシンプルな暮らしをしたいと考えている人々です。この点は重要なポイントでした。

情緒価値についても、今までのシードルにないハードサイダーというクールで感情に訴求する価値を押し出していきました。これもペルソナで描いたシンプルで長く愛せるものを好み、背景にあるストーリーへの共感を大切にするというキャラクターを念頭において開発していったのです。

さらに販売チャネルについても、商品の設計と同時に詰めていくことが必要です。どこで買えるか、どういうところに並んでいるかということはブランドが形づくるイメージにとって非常に重要だからです。露出が増えればいい、販売機会が増えればいいということではありません。大量仕入れで価格を抑え、箱で売るようなディスカウントストアやドラッグストアなどに並ぶことが、ブランドがつくろうとしているイメージにそぐわないことがあります。これについてもペルソナに合わせて、どういうシーンで商品に出会うことが購買につながるのかを検討しながら販売チャネルを決めていくことが必要です。

人がワクワクするステージこそがブランドである

ブランド開発の目的は、新商品・サービスをただ世に出していくことが目的なのではありません。ブランドづくりは、売れるものをつくることではなく、人が楽しみながら生きるストーリーのきっかけになるモノやサービスをつくって世に出し、結果として生産者も消費者も地域も社会も、みんながワクワクと心を躍らせて楽しみ、今以上に豊かに生きることができるようになることだと私は思っています。

本来ブランドというのは事業ストーリーであり、経営そのものです。事業を通して世の中をどうしていきたいのか、それを語り実行することです。上辺のデザインをいじることではありません。新たに世に出していく商品やサービスを中心に人がワクワクするストーリーを描き切ることがブランドを打ち立てることです。そういうブランドこそ強い求心力をもち、人が集まって自ら動き始める内発的な力と地域や社会の豊かな未来につながる発展性をもつことができます。

プランニングをしながら掘り下げる

私はブランドづくりに伴走しながら経営者に対して、「やりたいことは本当にこれですか？」と尋ねることがあります。商品やサービスの具体的な設計に入れば、誰もが中身に気を取られて視野が狭くなりがちです。そして世に出していく商品のアウトラインが固まり、ある程度売れる算段が立てば安心してしまうということが往々にしてあります。

しかし、最終的にこうなりたいと企んだことは、もっと大きなことだったはずです。

従業員が誇ることができ、また地域が自らの誇りと感じるような事業を地域と一体となって創造し、新たな価値として定着させることこそがブランドづくりであったはずだからです。ブランドづくりのパートナーは事業に取り組もうとする代表者、責任者としっかり話をしながら、そもそもこのブランドをなぜつくるのかということを繰り返し確認しながら一緒にストーリーづくりをしていく必要があると思います。

ブランド開発の工程はスピードも必要ですが、他方では基本に立ち返る、改めて事業目的を確認する時間を設けることも必要です。スピードに追われて開発してきたチームが立ち止まって考え、ブレずに判断を重ねることができるからです。

例えば、これはブランドを可視化していく段階に入ってからのことでしたが、プロモーション活動のなかで活用するスタッフ用のTシャツについて、経営者が知り合いの業者に発注したいと話をしてきたことがありました。もちろんそれは構いません。しかし、生地の厚みやグレード、プリントの方法などによっては、ブランドイメージとそぐわないものになる可能性があります。Tシャツ1枚とはいえ、多くの人の目に触れるものでありブランドイメージにとっては重要なアイテムです。ブランドの基本を踏まえた企画デザインが必要になります。そういう認識をもって一緒に制作できる業者であれば構わない、という返事をしましたが、後日、経営者からその業者への発注はやめるという話がありました。

常にブランドの基本を振り返って確認しながら進むことで、ブランディングに進んでからのさまざまな表現の検討なども、より本質的な議論ができるようになります。このブランドはこういうことだ、というスタッフの深い理解がのちに鋭いタグラインやメッセージ、デザインに落とし込まれることになるのです。最初から最後まで一貫して伴走して常に基本に立ち返りながら進んでいくことが、成功するブランドづくりの基本です。

事業ストーリーは4つの軸でつくっていく

ブランドを創造するということは事業ストーリーをつくることであり、プランニン

図表13　事業ストーリーをつくる4つの軸

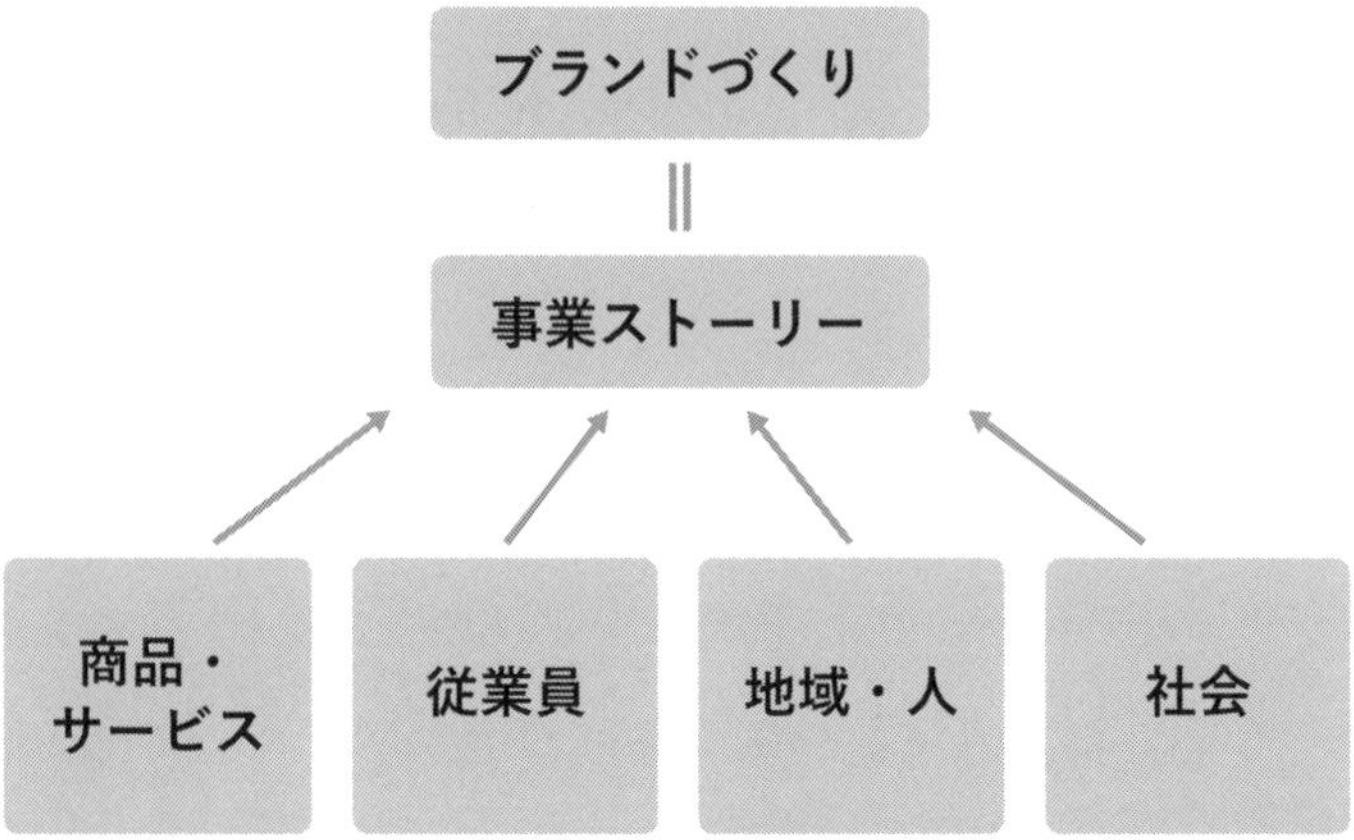

著者作成

グのフェーズに入っても、常に原点に立ち返り、何を目指しているのかを再確認し続けることは重要です。そのために経営者との議論が欠かせません。

議論の視点として求められるのは、商品・サービス、従業員、地域・人、社会という4つの軸です。事業ストーリーはこの4軸から構成されることが必要であり、そのとき初めてブランドとしての求心力と発展性をもつものになるからです。

商品・サービスの設計はブランドの中軸をなすものとして第一に進められるべきもので、従業員の視点で見たときにどうなのか、どういう価値をもつものかという検討も必要です。設計した商品・サービスを実際につくり、市場に投げ入れる役割を担うのは従業員です。社長が何かやっているとか、新規事業グループが動いているらしいというのではブランドは確立できません。なぜ、なんのためにこの商品やサービスを開発し、世の中に出すのかということについて従業員全員が理解し、一緒になって実現していく体制を整えることが欠かせません。従業員の全員が、たとえ直接担当するポジションではなくても、事業内容と目的を自分事として理解し、楽しみながら注視していく体制づくりが必要になります。

従業員から見て、仕事が面白くなった、とか、モノやサービスを売るのが楽しい、この会社をもっと良くしたい、地域の発展に貢献したいといった、ポジティブな意見や姿勢が出てこなければブランドは確立できません。

地域・人の視点も欠かせません。新たなブランドを地域に住んでいる人たちが面白いものができたと受け止めることができたり、地域の人の喜びや豊かさに寄与したりするものでなければなりません。ブランドがそこに誕生したことによって、最初は小さなものかもしれませんが地域の新しいカルチャーのベースになり、地域に対する市民の誇りや愛着が醸成されていくきっかけになることは新たなブランドの役割の一つです。

企業は地域にあるからこそ成り立ちます。原材料を供給してくれる人たちや働く人たち、生産されたものを地域の大切な資産として誇りに思う人たちが継続して存在する状態をつくらなければ事業は続きません。持続可能な事業にするためには地域の発展という課題に応え解決する方向性や力をもったものでなければならないのです。事業が大きくなれば地域も豊かになります。事業と地域は切り離せません。バランスを崩して自分たちの事業だけを考えてしまったら、地域の発展どころか、地域固有のエコシステムを壊してしまうことになりかねません。地域が10年後、20年後にどうなろうとしているのか、事業を通じてどういうことができるのか、その見通しをもたなければ事業ストーリーとしては不十分です。

雇用の創出や商店街の活性化、周辺の産業への波及などが実現すれば、地域経済の再生につながります。多くの地方都市が深刻な問題として抱える人口減少や地元産業の衰退による税収の縮小や医療や介護サービス、行政サービスの低下、公共インフラの維持や災害発生時の救援の困難など、多くの社会課題について解決への道筋を見いだしていくことができるのです。

地域をいかに魅力あるものとして維持していくかという視点を欠いてブランドを確立することはできません。しかし、地域の特産果物のブランディングのように、最初から地域や社会への視点を欠いたものが少なくないのです。

仕事で初めて訪問した地方都市で、おいしいものを食べたいと地元の人に尋ねた経験は誰にもあると思います。紹介された店が地元の人もよく行くと聞くと、間違いなくいいのだろうと感じます。つまり、地元に愛されるものこそ本当の価値をもったものです。

ある地方都市に悲願といわれた新幹線が開通することをきっかけに、新駅近くに飲み屋を中心にした屋台村が新たに企画され、大成功して評判になりました。成功の理由は新幹線開通で増える出張客や観光客を相手にした店ではなく、徹底して地元にこだわり、地元の人が喜ぶ店を、地元で起業したいと考える人の手でつくったことでした。おいしいと地元で評判になり、県外の人を相手にしなくても連日にぎわう横町になり、噂になって出張客や観光客も来るようになって、さらに繁盛したというのです。一方、それを模倣して形ばかりの地元らしさを演出しながら観光客相手につくった飲み屋街は全滅でした。

地域の商店も地域の産業も、地元の人に支持され愛される存在でなければ継続的に発展していくものにはなりません。同じように地域や社会の視点を欠いていては事業ストーリーとして成立しないのです。

余白を残し発展性のある事業ストーリーにする

従業員に目を向け、地域や社会課題への視点をもって考えられたブランド=事業ストーリーには、自らの力で発展していく力が備わります。事業は、誰かが始めた自分とは無関係のものではなく、自分たちのために構想されたものでもあり、自分たちの地域や社会をより豊かにしていくものとして受け止められています。そのため、次はこうなったらもっと良いとか、こんなことも実現したいという地域発の要望が事業を担う者に次々ともたらされ、次はこうしようと自ら展開していく力になります。東京などの県外の企業が地域に進出し、地域の市場で商売をして東京に利益をもち去るのなら、誰も応援しようとは考えません。しかし従業員や地域の人を巻き込んで進む事業であれば、地域の力で前に進んでいくことができます。

ある自治体からブランド構築の依頼を受け、最初のプレゼンテーションを終えたとき、首長の政策秘書にすばらしい構想だと褒められたうえで、「ところでこの事業ストーリーは、どこまでいくと終わるのですか？」と問われたことがあります。私はこの事業ストーリーにあらかじめ決まった結末などないと話しました。決まった結末なんて、あるほうがおかしいのです。私は事業ストーリーという形でブランドの方向性を示すことはしました。しかしその後のブランドの発展は地域のさまざまなステークホルダーが中心となってアイデアをもち寄りながら進めていくべきものです。

商品・サービスに加え、従業員、地域・人、社会という計4軸をもつからこそ、発展性のある事業ストーリーになります。もしある商品・サービスの設計と販売についての目標設定だけで終わるなら、事業は目標を達成すれば終わります。次の目標が示されることはあっても、単なる商品の売上目標であり、周辺への広がりもありません。4軸をしっかりと見据えたプランニングをして、さらにあえて余白のある事業ストーリーにしておくことが、その後の発展を導くことにつながります。すべて結末を書き切らなくても次の発展が約束されたストーリーになるのです。

6次化の展望が見えたシードルブランド

青森で進めたシードルブランドの開発では地域課題や社会課題をどう考えるのか、新たなブランドは事業のなかで解決をどのように担うべきかという話を、経営者との間で何度も繰り返しました。十分な意思疎通を欠いては永続性と発展性のあるブランドにすることはできないと考えたからです。

事業の具体的なシナリオづくりのなかで日本一の生産量を誇る地元のりんご栽培業

をどうするかという議論もしました。

もともと青森のりんご栽培業には収穫後に鮮度を保ったまま長期保存できる冷蔵設備が整っています。しかも半分近くはりんごを冷蔵するだけではなく、同時に酸素濃度を大幅に下げて呼吸作用を調整し、鮮度を長期間保つＣＡ貯蔵（Controlled Atmosphere Storage）設備になっているので、収穫後も需給のバランスを見ながら長期間にわたって出荷時期と量を調整することができる恵まれた環境にあります。

しかし、確かに生産量日本一の地位は守っているものの足元は決して安泰ではありません。労働が厳しい割には収入が少なく、後継者不足で廃業する農家も増え耕作放棄されるりんご園が出てきています。りんごの加工工場もあり、業務加工向けのりんごのほとんどはりんごジュースとして市場に出荷されています。しかし、りんごジュースの国内マーケットは低価格の中国産に押さえられて苦戦を余儀なくされています。1次産業として日本一の規模をもちながら青森県のりんご栽培業は先行きの見えない状況にあるのです。

大きな問題は、2次産業（加工）、3次産業（流通販売）が弱く、りんごジュース以外の商品開発ができていないことにありました。特に流通販売の場面からフィードバックされるものが少なく、魅力のある商品開発ができていません。1次産業としてのりんご栽培はともかく、りんごにまつわる2次、3次産業が育っていかなければ、1次産業としての規模がメリットにつながりません。1次、2次、3次産業が育ち、情報と強みをもち寄ってりんご産業を全体として大きくしていくことが課題であり、1次×2次×3次の6次化が求められているということが見えていました。

私たちの新たなシードルのブランドづくり＝事業ストーリーづくりでも、事業の立ち上げ期こそ新しいタイプのシードルの販売目標達成がテーマですが、数年後には地元のジュース工場と提携してシードルの製造拠点を拡大して需要減に悩むジュース工場の支援もしたいと考えました。将来は瓶だけでなく缶入りを開発して輸送コストを大幅に削減しながら海外マーケットへ進出することや、高い利益率が確保できる製品としてりんごを使ったブランデーを姉妹品として開発し販売する計画も立て、すでに初期の調査を終えています。

新たなシードルブランドの開発という事業ストーリーは、地域課題・社会課題を振り返ることで、将来に向けた大きな広がりを視野に入れたものになっていきました。

生産量全国1位の大看板のある青森県で、1次産業としてのりんご栽培が衰退していくのを、ただ手をこまねいて見ていることはできません。

経営者と将来を語り合いながらさらに浮かび上がってきたのは後継者不足などから廃業せざるを得ないりんご農家の畑を買い取り、りんご栽培そのものに乗り出すことです。そうなれば、りんごに関わる1次から3次までの全事業を自社内に確保することになり、一つの会社のなかで6次産業化を実現することができます。シードルやブランデーなどの飲料にとどまらないりんごを使った新たな事業の展望も、自社内でのスムーズな情報交換や企画検討を経て開いていくことができます。新たに6次産業を育てることができれば、自社の事業拡大はもちろん、関連事業の育成・拡大も可能であり、ひいては地域活性化への足掛かりとすることもできます。

そして最終的には県内で〝いちばんイケてる会社〟としての認知を獲得して雇用の受け皿となり若者の県外流出の歯止めとなって、地域や社会の課題解決に貢献していくという事業ストーリーをつくりあげていきました。

新しいシードルをつくるという事業アイデアは、いくつものフェーズを経ることで、ここまで大きな事業ストーリー＝ブランドづくりへと大きく育てることができたのです。時間は掛かったものの、ブランドを打ち立てるとはどういうことなのかを端的に示す好例になりました。

ミッション、ビジョン、バリューに落とし込む

プランニングフェーズの段階で明らかにすべきことは、誰に対してどのような商品・サービスを開発・設計し、購入者にどのような価値を提供するのか、そして自社と自社従業員に何をもたらし、地域と社会をどう変えていくのかという事業ストーリーです。まさにそれがブランドを打ち立てるということです。

プランニングフェーズの最後にしておかなければならないのが、事業を背後で支え、常に道しるべとなるミッション（使命）、ビジョン（達成すべき理念）、バリュー（提

図表14　ミッション、ビジョン、バリューのピラミッド

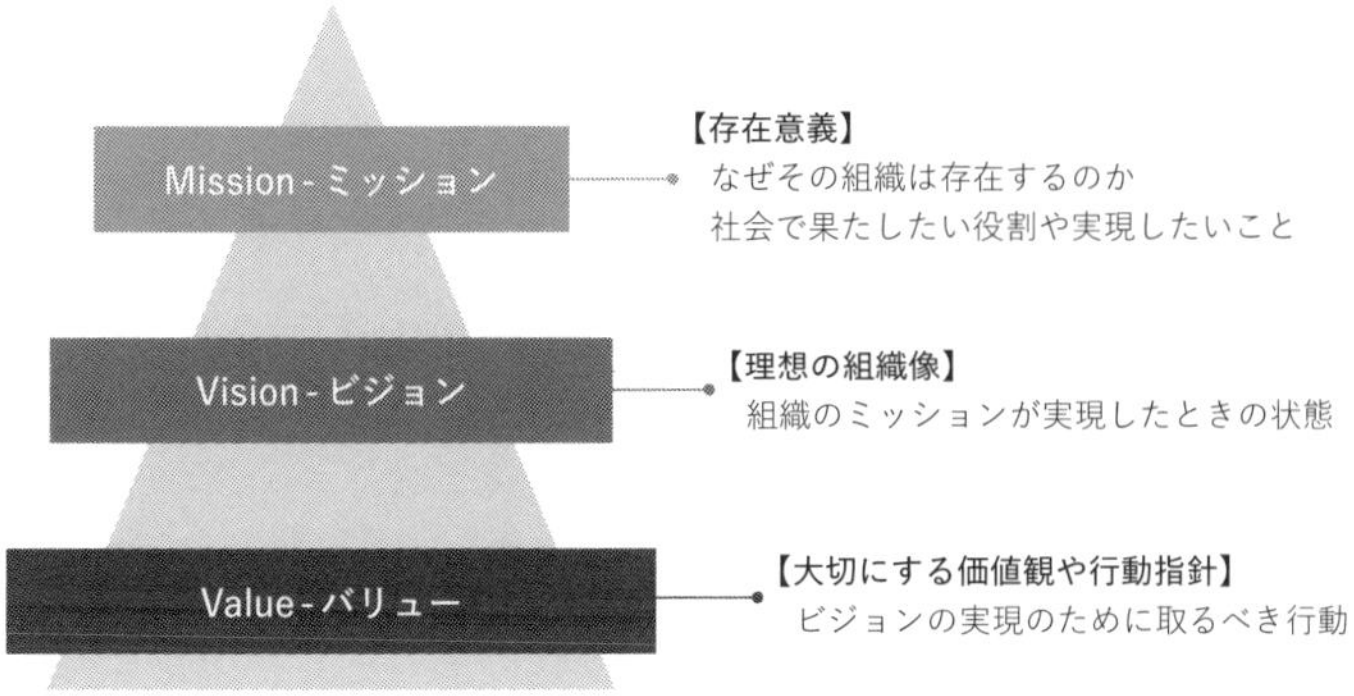

著者作成

供価値）を明確にして事業を一貫して支えていく精神的な背骨をつくり、改めて確認することです。

次のフェーズに進み、いよいよ事業に即した制作物の開発工程に進めば、具体的で個別的なさまざまな判断が迫られ、当初の理念や俯瞰的な視野を失いがちになります。キービジュアルを選び、タグラインやパッケージデザインを決めるという作業は単なる好みや印象では進めることができません。さらにフェーズが進んで、いざ商品やサービスが世に出てくれば、さまざまな決断も求められます。迷ったら当初の理念や原点に立ち返り、自信をもって判断する精神的な柱をしっかり

と確立しておかなければなりません。

なぜ（WHY）を語ることこそが人を動かす

ミッション、ビジョン、バリューをどうまとめていくか、その際にぜひとも活用すべきなのはゴールデンサークル理論と呼ばれる考え方です。

2009年に、イギリス生まれのアメリカ人作家でコンサルタントのサイモン・シネック氏がTED（Technology Entertainment Design）の講演「優れたリーダーたちはいかにして行動を促すのか」（「How great leaders inspire action」）で明らかにしたものです。講演でシネック氏は、優れたリーダーには考えて行動し人に伝える方法に共通するパターンがあると指摘したのです。リーダーたちはまずWHYを語り、次にどのように実現したかとHOWを語り、最後に何をしたかとWHATを語っている、というのです。多くの人がプレゼンテーションで採るパターンとは逆で、多くの人は

図表15　ゴールデンサークルの考え方

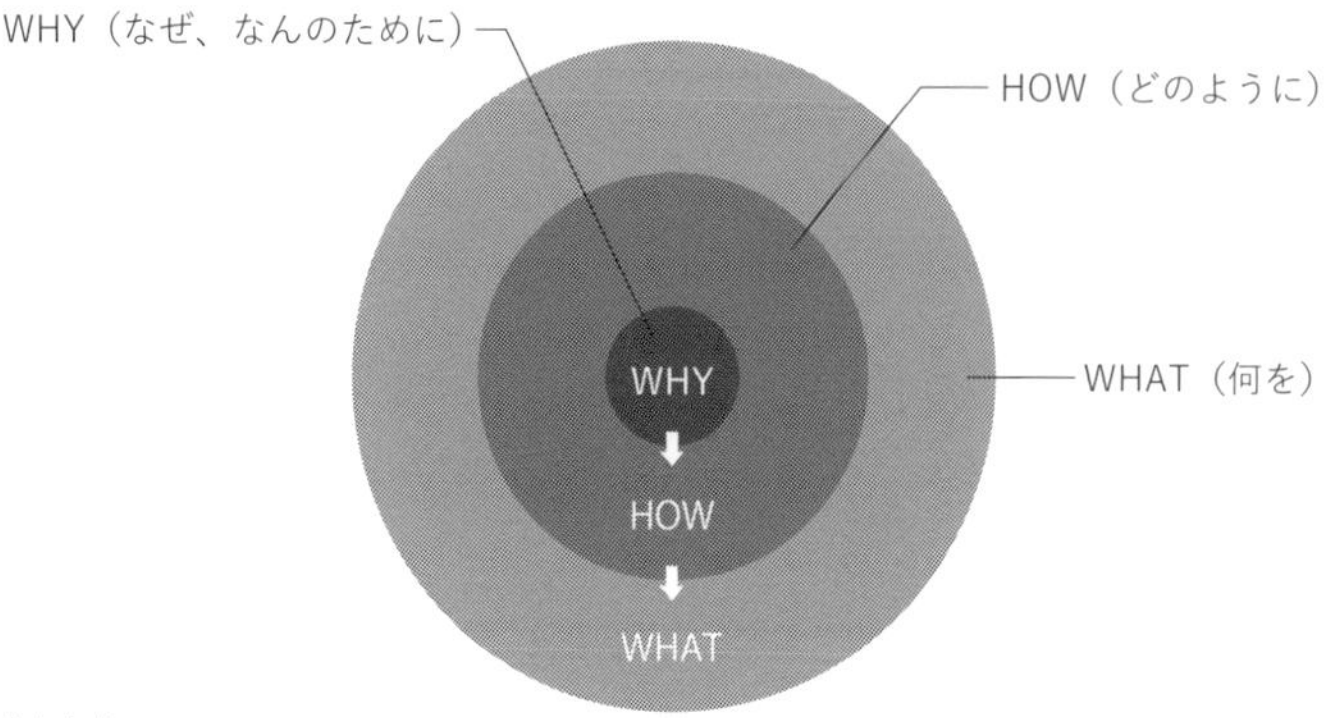

著者作成

まず具体的なもののＷＨＡＴを語りどういうものかのＨＯＷを語っていて、最後のＷＨＹはほとんど語られていないというのです。しかし、人が心を最初に動かされるのは、何をではなく、なぜというところにあるのだからＷＨＹを語ることこそが重要だと指摘しました。

例えば、Apple は自分たちのすることはすべて世界を変えるという信念で行っているものであり、人と違うことを考えていこうという、考え方にこそ価値があると信じている（ＷＨＹ）のです。そして私たちが世界を変える手段は美しくデザインされ簡単に使えてユーザーフレンドリーなコンピューターですので（HOW）、新製品をいかがですか？（WHAT）というものなのです。

サイモン・シネック氏は自身の理論をゴールデンサークルと名付けて図式化し、中心のWHYから外に向かって順番に語ることこそが人の共感を呼び、人を動かすものになると説明しました。なぜ（WHY）を語ることこそ人を動かすという指摘はブランド構築にあたってもとても重要なことだと私は思うのです。

ミッション、ビジョン、バリューの設定にあたって、ゴールデンサークルの考え方をベースにまず、なぜ、何を目的に事業をしようとするのか、WHYを改めて考えることがスタートになり、これがミッションになります。さらにミッションをどのような方法で何を通して実現するのか、HOWの検討がビジョンになり、ミッション、ビジョンを実現するために、具体的にどういう価値提供をするのか、WHATの検討がバリューを導き出すことにつながっていきます。

私が担当したシードルの開発では、新飲料開発事業について、WHY、つまり原点である青森県の魅力を日本へ、さらに世界へと発信していくことをミッションとし、その自治体を魅力的で夢中になれるモノやコトで溢れる町にすることをビジョンに、そしてバリューを仕事や日常での前向きな取り組みをサイダーを通して応援し、広めていくことと整理していきました。

ミッション、ビジョン、バリューの表現については、ブランドづくりをサポートする私の会社が検討して提案するという形ではなく、経営者にも自ら検討し、文章化することを求めました。自ら考えてもらって互いに考えをもち寄って議論することがWHYの部分に共感し、膨らんでいく下地となりそのあとで制作物を検討するときの議論をより深いものにすることができると考えたからです。

WHYや共感を大事にして、ワクワクする具体的な事業ストーリーと背後で支えるミッション、ビジョン、バリューができたら、次はいかに制作物に落として込んでいくかという実践のフェーズに進みます。

第5章

ワンストップ・ブランディング／フェーズ3　Creative Phase

描いたシナリオが的確に ターゲットへ届く施策を決定する

まず言葉で表現する

事業ストーリーをつくりあげたうえでミッション、ビジョン、バリューの整理まで進めば、事業コンセプトはほぼ固まったと考えることができます。次の作業は制作物として表現することです。アナリティカルフェーズを受けて具体的な事業ストーリーづくりを進めてきたプランニングフェーズの最終段階であり、構想したブランドを外部に向けて可視化するという段階です。いかにシンプルで強い表現にできるかがポイントです。

ここで最も大切なことは、言葉による表現に最大の力を注ぐことです。言葉こそ最も人の心に届きやすく、心を動かす最大の力をもっています。商品やサービスの特徴と受け手に与える価値を整理して感情に訴えるフレーズや短い物語のようなものとして言葉にしていきます。絵や映像が絡んでくるにしても、最初は言葉でまとめること

図表16　ブランディングのワークフロー【クリエイティブフェーズ】

アナリティカル		01	アナリティクス／ビッグデータ分析	ビッグデータ／Dockpit／story bank／Google Analytics等
		02	競合分析	4P／4C、コミュニケーション戦略、クリエイティブ、インサイト
		03	ターゲット分析	ペルソナ設計／カスタマージャーニー
プランニング		04	課題抽出	企業側データと独自データをクロス分析
	クリエイティブ	05	仮説提案	方針策定、ビジネスモデル立案等
		06	コンセプト提案	テーマ、タグライン、VI(Visual Identity)等
		07	デザイン展開案	KV(キービジュアル)、ロゴ、PKG(パッケージ)、CR(各種クリエイティブ)
		08	コミュニケーション戦略立案	年間プロット等
		09	PR／CP／プロモーション施策案	オンライン施策、オフライン施策、オン／オフ施策等
オペレーショナル		10	KPI設定	
		11	実施・運用	

著者作成

が必要です。言葉がなければ絵や映像の開発もできません。アナリティカルフェーズでつくりあげたペルソナを意識しながら、心に届く言葉を編み出していきます。

コンセプトを言葉にまとめ、タグラインとして整理します。タグラインは従業員を含めすべてのステークホルダーに対して表明するもので、事業に臨む企業、あるいは組織や個人の基本姿勢を示すものでもあります。例えば飲料メーカーのサントリーの「水と生きる」、日立グループの「Inspire the Next」、三菱ＵＦＪフィナンシャル・

グループ（ＭＵＦＧ）の「世界が進むチカラになる」といったものです。新商品・サービスなどの場合は商品名と一体のものとして検討することもあります。

タグラインは企業や事業活動の提供価値を瞬間的に伝達できるよう文字を選び抜いて1行に絞り込みますが、文字を1行に絞る作業がそのまま最も本質的な価値とは何かを改めて確かめる意味をもちますので、タグラインを検討する作業を最初にやることは大きな意味があります。

タグラインを決めたあとは、キャッチコピー、さらには補足するショートストーリーなどを整理していきます。キャッチコピーはその商品やサービスを販売しようとする相手に向けて購買意欲を喚起するための直接的なメッセージです。

タグラインや商品名、キャッチコピーやストーリーなどの言葉の開発をどのように進めるのかについては、青森県で進めた新しいシードルブランドに関する取り組みが参考になると思います。

私たちはまず、ブランドのコンセプトを言語化することから始めました。同地域はシードルづくりが盛んなエリアで、同様の商品で溢れています。それらのなかでいかに差異性を生み出していくべきか？　それはブランドストーリーと商品そのもののポジショニングが重要と考えて取り組みました。市場分析から見えてきたことは、同地域では甘みと果実感の強いフランス風のシードルがほとんどで、しかもその多くは食前・食後酒の用途が大半でギフトやお土産ブランドとしての存在感が強いということでした。そこで私たちは日常的なアルコール飲料として、ビールやハイボールの代替となり得る新機軸を前面に打ち出すことを検討していったのです。

とはいえ、シードルの開発はまったくの素人で異業種からの参入でしたので、事業ストーリーのディスカッションを重ねながら、世界中のシードルを一緒に試飲し、商品の方向性を探り続けました。経営者と一緒になって、時間を惜しんで夢中で取り組む過程でふと心に留まったのは、夢中になって取り組んでいる経営者のワクワクした姿、誰よりも時間を大事に切り詰め、商品開発に没頭する姿でした。

そんななかで、「一人のシードルマニアが地元ならではのおいしいりんごを使って、とんでもなくおいしいまったく新しいシードルをつくってしまった」というストーリーが生まれました。誰でも夢中になって取り組めば必ず道は開ける、そう感じさせられたことから、「夢中になる」というコンセプトが生まれたのです。

その言葉から、経営者が夢中になってワクワクしながら取り組む新事業、そこにシードルのスパークリング感と未来への希望を掛け合わせ、「はじける果実に、夢中になる」というタグラインが生まれました。また、ドライなシードルを表現するために、あえてシードルとは言わず、ハードサイダーという言い方にしました。そしてコンセプトの「夢中になる」を変換し、「CRAZY CIDER」という商品名を導き出したのです。

次にブランドが表す世界観を検討します。経営者の取り組みを見ているなかで、「夢中になって新しいことに取り組める人は、誰よりも時間の価値を知っている」、そんな想いからキャッチコピーが生まれました。

・キャッチコピー

Love a Life, Love a Moment.

これは「一瞬一瞬を愛することが人生を豊かにするという想いをもつ人にこそ飲んでほしい」という趣旨で開発したものです。

・ストーリー

次にキャッチコピーを支える具体的なストーリーを考えました。果実王国・青森から、果実の新しいカルチャーを発信したいという思いに駆られたシードルマニアが夢中になって開発に取り組むなかで、アメリカのポートランド生まれのハードサイダーと呼ばれるりんごのお酒にたどり着き、切れ味のあるノドごしとキリッとした爽快感のある今までにないシードルを完成させたのです。これはクリエイティブな時間を愛する人、シンプルなライフスタイルを愛する人へ、新しいクラフトハードサイダーの楽しみ方を提案する飲み物である、というものです。

このようにクリエイティブのフェーズはタグラインから商品名、キャッチコピーやストーリーを順を追って言葉で整理していきます。段階を経ることで、事業や商品が何を目指したものだったかを改めて振り返って確認することができます。それはあとに続いてくるロゴやパッケージデザインなどの絵づくりを、コンセプトからブレずに効率よく進めるための重要なステップになります。

一般にブランディングという言葉から多くの人が連想するのはこの段階のロゴデザインなどの作業です。しかし、実際これらの作業は分析とプランニングのそれぞれのフェーズを経て、さらに基本コンセプトやその周辺のさまざまな言葉の開発を経て初めて着手することができるものです。

ビジュアルデザインは分析やプランニング、その後のコンセプト開発の帰結としてようやく取り組むことができるものであり、途中から単独で取り組めるものではありません。まして経営者の個人的な好みやマスメディアでの流行や話題性などに引っ張られるべきものでもないのです。

顧客にどうアプローチするかの戦略を立てる

ブランドの可視化という作業をまず言葉で進めてロゴデザインなどのビジュアル要素の開発へと発展させ、完了した段階でメディア戦略を立案していきます。

オンラインとオフラインの２系統に分けながら、各種のメディア戦略や広告展開、プロモーション企画などを検討し、組み合わせていきます。具体的には事業を展開する市場の特性と対象となる顧客の世代・ライフスタイルに合致した戦略を総合的に考えていきます。さまざまな施策を切り離してバラバラに考えないことが重要です。一体的に展開することで相乗効果が生まれ、費用対効果の高いメディア戦略となるからです。

一連のＰＲ戦略を、どのような状況にある誰に対して展開するのか、具体的イメージがなければ、訴求対象の不明確な総花的な対策になり効果が上がりません。訴求対象を限定することが必要であり、考え方はいくつかあります。

例えばカスタマージャーニーのうち最初の入り口となる「ニーズ・認知」段階の顧客がまだ少ないのであれば、広く情報の告知に力を入れていくことになります。絞り込んだ顧客に広告をダイレクトに届けるという環境がまだ得られていないからです。しかし多くの顧客が比較検討段階までできているのに契約へと進まないというのであれば、比較優位性を示す素材を多く提供することが効果的です。

図表17　カスタマーピラミッド

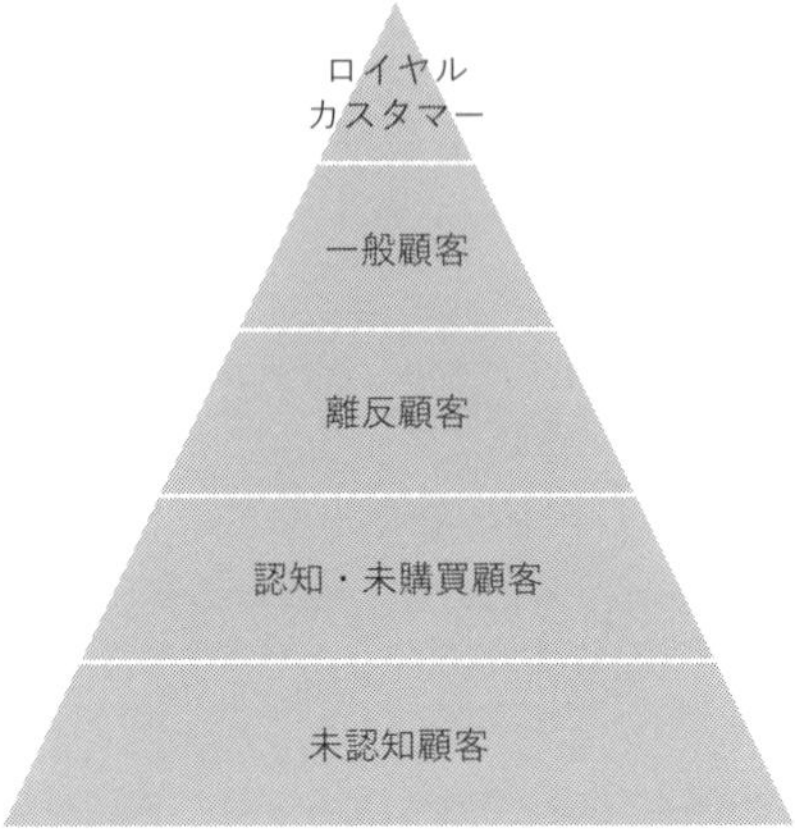

著者作成

どの段階の顧客にどういうアプローチをするかを判断する同様の手法の一つとして、カスタマーピラミッドを想定するものもあります。

これは顧客を「未認知顧客」（そもそも商品・サービスの存在を知らない）、「認知・未購買顧客」（知っているが購入したことはない）、「離反顧客」（認知があり購買経験もあるが、現在は購買していない）、「一般顧客」（認知があり、購買頻度・低～中）、「ロイヤルカスタマー」（認知があり、購買頻度・高）という5段階に分けてピラミッド型の階層に分けて分析するものです。当然、未認知の顧

図表18　イノベーター理論とキャズム理論

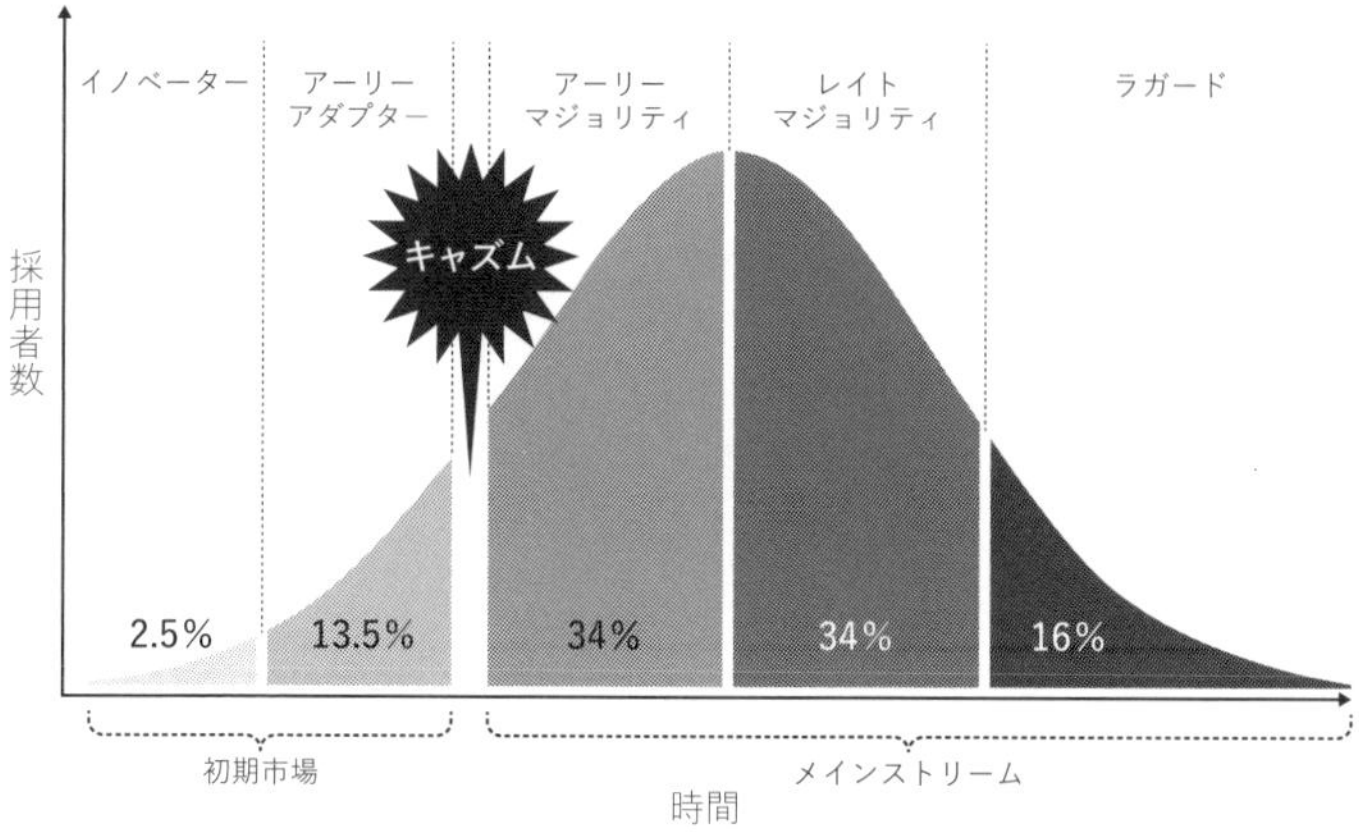

著者作成

客数が最も多く、ロイヤルカスタマーが最も少なく5段階に積み上がります。

この構図を前提に、どの段階の顧客が多いのか、ロイヤルカスタマーを増やすためには、どの段階の顧客にどういう情報提供をしていけばいいかを現状の分析を通して明らかにしていきます。

ほかにも「イノベーター理論」と呼ばれるものも顧客の現状分析と対策の検討のためによく使われます。

これは消費者を「イノベーター」（情報感度が高く、新しい製品を積極的に採用する層）、「アーリーアダプター」（トレンドに敏感であり、これから流行りそうなものを採用する層)、「アーリーマジョリティ」(流行に敏感で、アーリーアダプターに追随する層)、「レイトマジョリティ」(新製品やサービスの採用に対して消極的な層)、「ラガード」(最も保守的で、新製品やサービスに対してまったく興味・関心をもっていない層)の5つに分類する考え方です。商品・サービスに関心をもつ層が発売・サービス開始から時間の経過とともに変化するとされています。そのうちイノベーターとアーリーアダプターが登場する初期市場と、そのあとのマジョリティが登場するメインストリーム市場の間にはキャズムと呼ばれる大きな溝が存在しており、この溝を越えない限り市場は拡大しないという理論があります。

もともとイノベーターやアーリーアダプターは好奇心が強く、誰よりも早く情報をキャッチし商品やサービスを経験できるようアンテナを張っているので、集客対策を強化しなくてもそれなりの数は確実に集まります。力を入れるべきはアーリーマジョリティへと波及させる段階の対策であり、ここがメインストリーム市場を形成できるかどうかの分岐点になります。例えば、「すでに流行が始まっている」ことを自覚させて腰を上げるように促していく施策を検討するというものです。

手法はさまざまですが、いずれにしても顧客の主流がどの層にあり、どこがボトルネックになっているかを知って、具体的に誰にどのようなアプローチをするか戦略を考えていくことになります。

ファンをつくりファンを大事にする戦略が重要

これから世に出していく商品・サービスであれば、１００パーセント誰も知らないところからのスタートであり、ピラミッドの一番下である「ニーズ・認知」あるいは「未認知顧客」を対象としてスタートすることになります。しかし、商品・サービスの性格やあらかじめ描いている顧客像によっては、当初の告知の段階にはあまり大きな力を注がず、ゆっくりとクチコミで認知を広げ、実際に試してもらう段階で施策を工夫し良さを深く知ってもらう、という考え方を取ることもできます。どの段階の顧客にどのようなアプローチをするかは戦略として検討し、選択することが必要であり、一律に決められるものではありません。それに基づいてメディア戦略などの細かい施策も決定することになります。

特に今メディア戦略を検討する場合には、従来のような大きな資金を投じてとにかく大量の認知をつくって母数を確保することで一定割合の購入層を確保しようと考えるスタイルは時代遅れであると見られています。

そもそも大量の情報が日々生み出されさまざまな媒体を通じて流通しているなかで、自社の商品・サービスの情報を多数の層に届けるのは簡単ではありません。また、たとえ話題づくりで一定の知名度を得ても、今は即購入につながる時代ではありません。ネット上で類似商品・サービスとの比較がなされ、評判がチェックされ、さらに自分の生活を豊かにしてくれるものか、自分らしさを満足させるものかという、自らのライフスタイルや価値観を基準にした選択が加わるからです。

こうした購買スタイルのもとではこれまでのような、認知さえ広げれば自動的に一定割合の購入があるからまずはキャンペーンで大々的な話題づくりを、という単純な戦略は通用しません。購入者は商品・サービスとの親密な関係、情緒価値でつながった関係を求めています。むしろ少数のファンをつくり、クチコミで少しずつ横に広げ、コアなファン層を育てていく、という戦略が有効な時代です。

マーケティングの世界では、「パレートの80－20の法則」と呼ばれるものがあります。イタリアの経済学者パレートが提唱した法則で、新規顧客の獲得のためのコストは、既存顧客の5倍ものエネルギーがかかるというものです。また、カスタマーピラミッドでは、最上位のロイヤルカスタマーが顧客の全体に占める割合は2割程度であるにもかかわらず、売上の8割を生み出しているといわれます。実際、5年以上の長期スパンで見れば、ほとんどの商品・サービスの売上実績の面でこの法則は妥当性があるといわれます。2020年以降の3年間に及ぶコロナ禍での事業を経験して、ロイヤルカスタマーの存在価値を改めて感じた経営者は少なくありません。行動制限が続いて売上が劇的に低下するなかで事業の大きな支えとなってくれたのは業種を問わず2割のロイヤルカスタマーだったからです。こうした層をいかに創造し維持するかはメディア戦略の重要な柱だということができます。

パレートの法則自体はもう100年以上も前に語られたものです。市場が細分化し個性化して1つの商品やサービスが爆発的な普及を見せることがないという時代に、20パーセントに注目する考え方は新たな意味をもっています。少数ではあれ情緒価値を共有しながらファンとしてともにブランドを育ててくれる人を大切にして親密な関係を維持し、ファンの度合いを高めていくことが求められる時代になっているからです。ファンベースという言葉がここ1、2年で盛んに語られるようになっており、メディア戦略を検討するうえでは重要な視点です。

発信はSNSベースで

コアなファンをさらに生み出して広げていくことがブランドの浸透や商品・サービスの販売拡大にとって重要になっているという意味では、メディア戦略や情報発信の施策も、SNSを中心に周辺をさまざまなWeb広告で補強していくことが重要です。

SNS経由で入手する情報は、メーカー発信のものや大手メディアといった情報の

図表19　購買行動の変化

マス広告中心の購買行動モデル　AIDCAS（アイドカス）
Attention（注意・認知）：CM やカタログ、店頭などで商品・サービスを知る Interest（興味・関心）：消費者が商品に対して興味をもつ Desire（欲求）：消費者が商品を欲する Conviction（確信）：消費者が「自分にとって必要な商品だ」と確信する Action（行動）：消費者が商品を購入する Satisfaction（評価）：消費者が商品を購入した結果について満足する
インターネットベースの購買行動モデル　AISCEAS（アイシーズ）
Attention（注意・認知）：CM やカタログ、店頭などで商品・サービスを知る Interest（興味・関心）：消費者が商品に対して興味をもつ Search（検索）：消費者が商品やサービスについての情報を検索する Comparison（比較）：消費者が商品・サービスを比較する Examination（検討）：消費者が商品・サービスのなかから欲しいものを検討する Action（行動）：消費者が商品を購入する Share（共有）：消費者が SNS などにクチコミやレビューを投稿し、情報を共有する
SNS が発達・普及したことによる購買行動モデル　ULSSAS（ウルサス）
User Generated Contents（認知）：消費者が広告や投稿から商品を認知する Like（好印象）：「いいね！」などのポジティブな反応をする Search1（検索１）：SNS 内で情報検索する Search2（検索２）：Google などの検索エンジンで検索する Action（購買）：消費者が商品を購入する Spread（拡散）：SNS などで情報を拡散する
コンテンツマーケティングの購買行動モデル　DECAX（デキャックス）
Discovery（発見）：消費者が商品やサービスを発見する Engage（関係）：コンテンツを通じて顧客の関係性を構築していく Check（確認）：コンテンツの中立性・役立つかどうかをチェックする Action（購買）：消費者が商品を購入する eXperience（経験）：商品を購入したあと、商品者が体験したことをシェア。また、アプリなど商品によっては商品購入後も体験が続くものもある

著者作成

受け手から遠い世界で権威づけられたものと異なり、最も信頼できるものと考えられるようになっています。等身大の身近なものであり、しかもあらかじめ自分と価値観を同じくする人の発信として最大の信頼が寄せられるものなのです。SNS上でいかに一般ユーザーを起点に情報を伝播していくかはメディア戦略の中心です。マス広告が中心であった時代は、大手メーカーや大手メディアなどの情報こそ信頼度の高いものでした。しかし今は、そうした情報にはなんらかのバイアスがかかっているのではないか、結局ものを売りたいために用意された広告の一環ではないかと受け止められてしまいがちです。

インターネット上でエンドユーザーがどういうルートで商品・サービスに接し、どの段階でどういう情報を入手し、また発信しているのかの行動を想定して、ユーザーと接するチャネルを押さえ、的確な情報を提供していくことが必要です。そのためには従来のマス広告を中心とした購買行動モデルがインターネットの登場以降どう変化しているのか、基本構造の変化を知っておかなければなりません。

ただし、都市部と地方では違いもあります。地方では地元紙や地方テレビ局などの伝統メディアの影響力にはまだ大きなものがあり、パブリシティ（有料広告を除く広報記事やニュース番組など）で取り上げられることも少なくありません。記事の方向性や内容を、あらかじめ地域メディアや紙媒体などが利用しやすいような形で準備するなど、丁寧な情報提供や関係づくりを積極的に進めて、デジタル上での取り組みとの合わせ技で検討していくことが必要です。

バズ狙いでは本当の影響力はもてない

ＳＮＳを中心にインターネットを活用したコミュニケーションの展開がブランドや商品・サービスの認知拡大や最終的なファンづくりに大きな効果を発揮するとはいえ、一時的な話題性やバズワードとしての広がりを求めてしまえば、本当の意味での普及にはつながりません。仮に話題になってもそれがブランドづくりや集客に連動しなければ意味はないのです。

ＳＮＳで目指すべきは一過性の単純な広がりではなく、ＳＮＳ上でブランドや商品・サービスに関する話題が継続的に広がりながら、私ならこう使うとか、私にとっての魅力はこういうところにあるといった反応が受け手の側から自然発生的に生まれ、浸透していくことです。その広がりのなかからコミュニティが生まれ、自己運動しながら輪を広げていくことこそ、ＳＮＳならではの広がりといえます。

例えば１００円均一ショップ大手のセリアでは、顧客がショップを定期的に訪ねてパトロールし、店頭で見つけた魅力的な商品を自身のＳＮＳで発信することが自然発生的に生まれていて、こうしたファン層はセリパトと呼ばれているのです。

独自の広がりを得るためにはコンテンツやプロモーション企画などをつくり込み過ぎないことも重要です。事業ストーリーについて地域課題の解決に向かって伸び代を設けておくことが事業の自発的な広がりにつながるように、新たなブランドや商品・サービスについても、シナリオを細かくつくり過ぎないことがファン層の自主的な活動を促すきっかけになります。アンケートで生の声を積極的に拾い上げ、キャンペーンに参加した人の投稿を加工することなくそのまま表に出すことも、自然な広がりをつくっていくための有力な素材になります。

インフルエンサーの選定にも注意がいる

ＳＮＳの主要な媒体は、すべてカバーすることを考えるべきです。YouTube や Facebook、Instagram、Twitter、LINE、TikTok などを駆使して、あくまでも事業ストーリーからブレない範囲でコンテンツを発信していきます。手軽に動画が閲覧できる YouTube や Instagram のショート動画は注目度も高く、広い範囲のユーザーにアプローチすることができます。ここを入り口に自社ブランドの公式サイトやオンラインストア、本編ムービーへの誘導もできるので、その点でも効果的です。

ＳＮＳの活用という点では何十万人というフォロワーのいる、いわゆるインフルエンサーの起用も重要な選択肢の一つです。インフルエンサーが積極的な発信を展開するだけでなく、採用したインフルエンサーをアンバサダーとして取り込み、さまざまなリアルイベントを展開することも考えられます。

例えばオリジナルツアーを企画、企業や地域を訪ねインフルエンサーの視点で魅力を語ってもらうといったもので、様子はインフルエンサー自身からのSNS上での発信にとどまらず、撮影班を同行させプロモーションムービーを制作し、ブランドの公式サイトや広告の素材として活用することも考えられます。

ただし、インフルエンサーの人選には注意が必要です。初期の認知拡大の場面では有効ですが、単にフォロワー数が多いとか、今話題性がある人物だといったことから選ぶことはできません。何人のフォロワーがいるかではなく、どういう人がフォロワーとしてついているかがポイントです。ブランドや商品・サービスのもつイメージと対立するような人が多く集まっても、効果がないどころか、ブランドのイメージを崩してしまうことになりかねません。

容姿端麗でフォロワーが何十万人という若い女性を起用したところ、反響があったのは40代50代の男性ばかりで想定した顧客層とはまったくずれていたといった話はよく耳にします。起用の理由が、経営者もファンで一度どうしても会いたいと思っていたという程度であるのも珍しいことではありません。しかし本来は、長くブランドを支えてくれる親密なファンの獲得が課題であり、こうした表面的な広がりは意味がないばかりでなく、本来ファンになってくれる顧客層が離反してしまう可能性すらありますので注意が必要です。

コミュニティを育てる

ファンをつくり、LTV（Life Time Value：顧客生涯価値）の提供を通してファンを育て、ファンとともにブランドを成長させていくということが、今の時代のブランドづくりの基本であり、メディア戦略も一連の流れのなかで検討される必要があります。SNSが重要なベースになることはいうまでもありませんが、補完するものとして独自のコミュニティを育てていくことも重要な戦略の一つです。

いわゆるファンミーティングのような企画を開催し、ファンを巻き込んで声をブランドの内部に引き入れて一緒に事業ストーリーや商品・サービスをつくっていくということです。

ファンミーティングをいち早く取り入れ、事業の急成長へとつなげたことで知られているのはキャンプ用品メーカーのスノーピークです。全国各地で年に10回程度、ロイヤルカスタマーの会員とその家族、スノーピークの社長以下幹部社員が1泊2日のキャンプをしながら交流を深め、新商品開発などについても話し合うので、大切なロイヤルカスタマーと、新商品とともに未来を語り合いながら互いの信頼を深め合うひととき、として設定されています。このミーティングでのユーザーの提案から生まれた商品も少なくありません。企業とロイヤルカスタマーが事業を共創していく先進的な取り組みとして参考にしたいものの一つです。

第6章

ワンストップ・ブランディング／フェーズ4　Operational Phase

実施、検証、改善を繰り返し ブランディング効果を最大化する

ここからがブランディング

ブランディングという言葉は非常に広い意味で使われているので分かりにくいものです。私は広義と狭義のブランディングを分けて使っています。

広義のブランディングは、固有のブランドを打ち立て、その下で事業を展開していくことであり事業ストーリーの全体です。バックキャスティングによる企てに始まり、アナリティカルとプランニングのフェーズを経て事業ストーリーを打ち立て、商品・サービスを開発し、制作物によって可視化し具体的に展開していくという全体が広義のブランディングです。

これに対して、ブランド開発の最後の帰結としてつくりあげた制作物を駆使しつつ、実際に事業を展開しながらブランドを運用していく、この段階が狭義のブランディングです。まずブランド開発があり、オペレーショナルフェーズに入ってブランディン

図表20　ブランディングのワークフロー【オペレーショナルフェーズ】

アナリティカル		01	アナリティクス／ビッグデータ分析	ビッグデータ／Dockpit／story bank／Google Analytics等
		02	競合分析	4P／4C、コミュニケーション戦略、クリエイティブ、インサイト
		03	ターゲット分析	ペルソナ設計／カスタマージャーニー
プランニング		04	課題抽出	企業側データと独自データをクロス分析
	クリエイティブ（制作物）	05	仮説提案	方針策定、ビジネスモデル立案等
		06	コンセプト提案	テーマ、タグライン、VI(Visual Identity)等
		07	デザイン展開案	KV(キービジュアル)、ロゴ、PKG(パッケージ)、CR(各種クリエイティブ)
		08	コミュニケーション戦略立案	年間プロット等
		09	PR／CP／プロモーション施策案	オンライン施策、オフライン施策、オン／オフ施策等
オペレーショナル		10	KPI設定	
		11	実施・運用	

著者作成

グとして展開されるということです。

ブランディングをする、といっていきなり新しいタグラインやロゴマークの検討に入るのはブランド開発なきブランディングであり、本来のブランディングではありません。制作物を用意し、コミュニケーション戦略を立て、オンライン・オフラインのいずれについても具体的な施策を打ち立て、いよいよ運用に入るところから狭義のブランディングのフェーズが始まります。このフェーズをＫＰＩ（Key Performance Indicator：重要業績評価指標）の設計に基づいて実行し、

ＰＤＣＡを回しながら中間指標であるＫＳＦ（Key Success Factor：重要成功要因）の達成に注力します。さまざまなＫＰＩ群の因果関係の仮説検証を繰り返しながら、最終目標であるＫＧＩ（Key Gaul Indicator：重要目標達成指標）を実現することがブランディングであり、その成功が最終的なブランドの確立です。

最重要指標としてのＲＯＩ

このフェーズで最も重要になるのがＲＯＩ（Return On Investment：投下資本利益率）で、投資費用に対してどれくらいの利益や効果が得られたのかを示す指標であり経営の視点で成果を厳しく見る指標です。一般のブランディングのパートナーが目標として掲げることはほとんどありません。しかし、実際に利益が出ていなければ企業活動を継続することができません。ただクリエイティブを企画・制作し展開すればそれでいいということではないのです。

図表21　ROIとROASの違い

ROI Return On Investment	ROAS Return On Advertising Spend
$\text{ROI}(\%)=\dfrac{\text{利益}}{\text{投資額}}\times 100$	$\text{ROAS}(\%)=\dfrac{\text{広告からの売上}}{\text{広告コスト}}\times 100$
投資費用に対して どれくらいの利益や効果が 得られたのかを示す指標	広告費用に対して どれだけの売上を 生み出しているかを示す指標

著者作成

事業利益に結びついているのか、このままで新事業は継続していけるのかまで踏み込んで活動を振り返り、ブランディングを展開するのがパートナーとしての役割であり責任です。ＲＯＩとしっかり向き合う覚悟が必要です。

ただしＲＯＩは経営に直結した生々しい数字であり、センシティブな面をもっています。守秘義務契約を結ぶとはいえ社外のパートナーとしてどこまで知っていいのか、少なくともクリエイティブに関わる社外スタッフなどは知るべき数字ではありません。そこで私はスタッフとの間ではＲＯＡＳ(Return On Advertising Spend：広告費用に対する売上の割合)という指標を使うようにしていて、この数値ならスタッフで共有しても問題はありません。効果を

図表22　ブランディングの展開

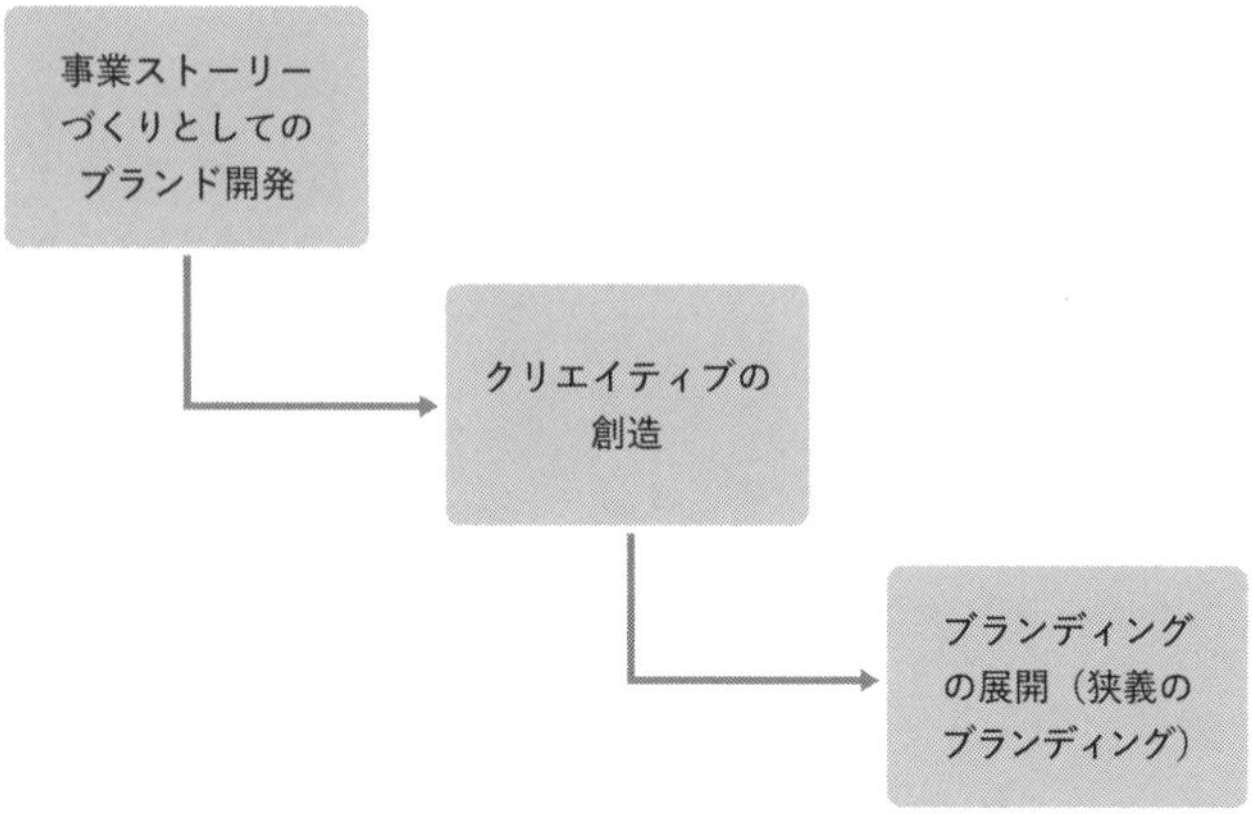

著者作成

検証する数字は絶対に必要です。そうでなければ自己満足だけの表現や施策に終わってしまいます。

　私のなかではあくまでもＲＯＩの数値が唯一の基準ですが、例えばＲＯＩで２００パーセントを確保するためにはＲＯＡＳではその3倍の６００パーセントが必要と自分のなかで換算し、社外メンバーを含むクリエイティブチームにはＲＯＡＳだけを目標として示して、その実現を目指して活動していきます。それによってセンシティブな数字が外に出るのを抑えながら、チームを明確な目標の下にまとめていくことが可能になります。

図表23　KGIとKSF、KPIの違い

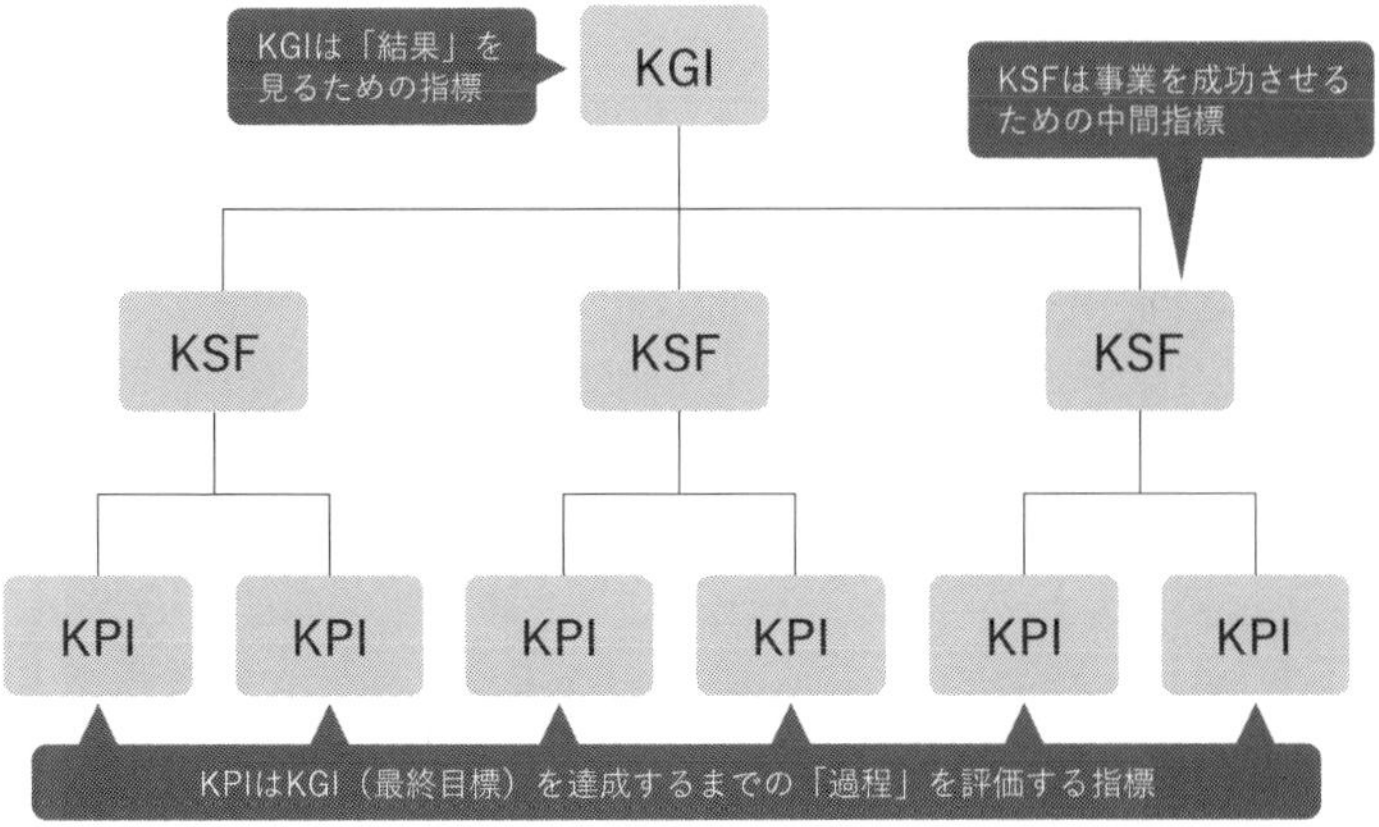

著者作成

ＫＰＩを設計する

ブランディングの実行段階であるオペレーショナルフェーズには、その取り組みを評価し、改善していくためのさまざまなＫＰＩがあります。最終的な目標であるＲＯＩを実現する個別的な指標です。

ＫＧＩとＫＰＩの役割はまったく異なります。ＫＧＩは売上額というかたちで最終目標を示すものであり、他方ＫＰＩは、ＫＧＩを達成するためのさまざまなプロセスが適切に遂行されているかどうかを定量的に評価するための指標です。ＫＰＩとして設定できる指標は数多くあるので、ＫＧＩを実現するために組み立てられた業務フローに沿って時間軸および業務種別に各種のＫＰＩを設定し、定期的に振り返りながら改善・向上を目指します。

ＫＰＩとして考えられるものとしては、オンライン（Ｗｅｂサイト）の広告であれば、インプレッション数（広告表示回数）、クリック数（広告クリック数）、コンバージョン数（問い合わせ、資料請求、購入数など）、ブランドサイトであれば、ページビュー（ＰＶ）や滞在時間、遷移状況などさまざまなものがあります。

またオフラインの取り組みについても店舗への来客数、店舗での試食・試飲数（食品の場合）、さらには購入数、購入単価、購入客数といった数値があります。

オンライン、オフライン以外にもパブリシティ件数などが定量的な指標となります。

これらのさまざまなＫＰＩを顧客の認知から購入しファン化していくまでの時間軸とメディア種別（オンライン、パブリシティ、オフライン）の2軸の下でプロットして設計図をつくります。

時間軸に沿ってオンラインとオフラインを比較対照し、因果関係のありそうな指標をピックアップし、最終的に目指すＫＧＩから逆算して、各ＫＰＩについて具体的な数値を設定していきます。そしてＫＰＩ達成のためのＫＳＦを設定しながら構造的に組み上げていくことになります。

案件ごとに、また事業種別にさまざまな設計図が考えられ、さらに目標の設定の仕方や取り組みの期間によっても内容は大きく変わってきますが、この設計図をあらかじめ議論しながらつくりあげ、つくりっぱなしではなく1カ月あるいは3カ月といったサイクルを定めて、クライアントを含めて定期的に検討会を行います。出てきた数値については単に目標に達しているかいないかだけを見るのではなく、なぜその数値になっているのか、メディア間相互の因果関係も分析し、あるいは推理しながら改善・向上を図っていきます。

また、一度決めたものだからと固定的に考えるのではなく、途中段階で当初の目標との隔たりが目立つようになった時点でＫＰＩのシナリオ自体を変更することも考えられます。

ＫＰＩの設計とその振り返りは、多くの場合、ただ数字をまとめただけの報告のた

図表24　代表的なKPI設定例

カスタマージャーニー	オンラインチャネル	パブリシティ	オフラインチャネル
認知	KPI①広告・SNS・PRコンテンツ ・インプレッション数 ・クリック数 ・クリエイティブテスト ・エンゲージメント数 ・インサイト（クチコミ等）	TV／NP／RD／MZ／各種Webメディア／記事レビュー等 ※広告等のペイドではない情報	KPI①外的要因 ・天候 ・気温 ・イベント等
興味/検索	KPI②ブランドサイト/EC/SNS ・ユーザー数/PV ・滞在時間 ・遷移状況 ・流入経路 ・SNSリーチ数 ・SNS投稿別エンゲージメント		KPI②店舗 ・集客数 （施設全体/店舗単体） ・ユーザー属性
自分ゴト化	KPI③具体アクション ・フォーム閲覧数 ・問い合わせ数 ・コンテンツ閲覧率 ・サイト回帰率 ・キャンペーン参加率		KPI③店舗 ・試食/試飲/サンプリング ・キャンペーン有/無 ・ユーザーボイス/評価
購入/体験	KPI④オンライン購入数 ・購入ページ閲覧数 ・購入商品 ・購入点数 ・購入単価 ・購入客数 ・リピート数		KPI④店舗 ・購入商品 ・購入点数 ・購入単価 ・購入客数 ・リピート数
ファン化	KPI⑤ファン化 ・レビュー数 ・クチコミ情報 ・SNSユーザー投稿 ・ファンベース 分析より		KPI⑤ファン化 ・レビュー数 ・クチコミ情報 ・SNSユーザー投稿

KSF	売上、ROAS、認知度 等
KGI	ROI、他 事業経営指標 等

縦軸に「認知、興味／検索、自分ゴト化、購入／体験、ファン化」というカスタマージャーニーに沿った時間軸での獲得目標を設定、縦軸に「オンラインチャネル、パブリシティ、オフラインチャネル」の３種類のメディアを置き、各段階の目標達成度を定量的に示すKPIをピックアップすると表のようになる（具体的な目標数値は案件ごとに設定する）。

著者作成

めの報告になっています。しかし数字を示すことが目的ではありません。オペレーショナルフェーズに入ったブランドのパフォーマンスを高めてその価値を上げ、売上を上げて利益を出すことが目的です。これを含めてブランディングであると考えなければなりません。

その意味でもシナリオの再設計も含めたＫＰＩに関する議論にはクライアントはもちろん制作に関わるスタッフも参加し進めるべきです。制作現場の人間だから結果は関係ないと考えてしまったら制作物はクリエーターの自己満足に終わってしまいます。ＫＰＩをスタッフ全体で丁寧に振り返ることが制作スタッフの力を高め、目標達成に向けチームのパフォーマンス向上につながります。

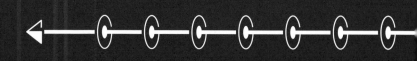

第7章

ワンストップ・ブランディングに成功したケーススタディ

ブランド開発に挑む企業や自治体、さらには個人事業主に対して、私はさまざまな分野で新たな未来を開く事業ストーリーの構築とその実装調整、実行までを終始伴走しながら進めてきました。

ブランディングは多くの場合、モノやサービスを売るためのマーケティング戦略の一部と位置づけられ、広告コミュニケーションの工夫という枠内でしかとらえられていません。しかし私は、ブランディングをバックキャスティングを通して事業ストーリーをつくりあげる一連のプロセスと考えています。そして実現するための事業環境や事業課題の分析、具体的な事業のシナリオづくり、さらに実現するさまざまな施策づくりと実行というひと続きの取り組みであるととらえ、多くの経営者、自治体などとともに活動を展開してきました。

ここではケーススタディとして、私がこれまでワンストップ・ブランディングを行ってきた事例をまとめています。

メロンを中心とした
農産物のジェラートのブランディング

［発端］

青森県つがる市は人口約3万人の小さなまちです。地方中小都市の例に漏れず、人口が長期にわたって減少を続け、1985年に4万6070人を数えた人口は2020年には2万9677人へと減少し、2045年には1万4491人にまで減ると見られています（「つがる市人口ビジョン」2020年3月）。2020年の高齢化率は39・6パーセントと全国平均の29・1パーセント（2022年9月現在、総務省統計局）を大きく上回るものとなっていますが、2045年には59・5パーセントに達すると予想され、まちとしての基盤や機能を維持することすら困難になると見られています。

1次産業が主体の青森県は、ナガイモ、にんにく、ごぼうなど全国で1、2位の出荷量を誇り、メロンも全国5位にあります（農なび青森）。しかし、農業従事者の高齢化や後継者不足は深刻で、メロンの収穫量は2012年から2021年の10年間で約13パーセント減、作付面積は24パーセント減となってしまいました（ジャパンクロップス調べ）。

つがる市は2次産業、3次産業が伝統的に弱く、1次産業の衰退を止める手立てが容易に見つかりません。このままでは未来はないという強い危機感のもと、特産品のメロンを活かした新たなブランド戦略を模索していました。当初は東京都内の商品開発チームとのコラボレーションで新機軸のスイーツブランドの開発を検討していました。商品を具体化するには膨大な開発コストと、仮に開発ができても大量の食品ロスリスクがあることが分かり、中止を余儀なくされてしまいました。事業モデルの再考に迫られたことが本事業の本質価値を深掘りするきっかけとなりました。

［事業ストーリーの開発］

私の会社との検討に入る前に、つがる市はある取り組みを東京の会社と進めていました。今までにない視点でメロンという果物の魅力をアピールすることが基本になったもので、新しい加工品や新しいレシピの開発、今まであまり知られていなかったメロンにまつわる蘊蓄やエピソードなどを発信し、メロンの消費拡大や産地としてのつがる市の魅力の発信による観光需要の喚起、就農・移住促進を図るというものです。

私はそれも一つの方向であると思いましたが、つがる市の産業の発展やまちの人々の生活をどうするのかという視点が必要ではないかと感じていました。

新たな加工品やレシピの開発、さまざまなWebコンテンツの企画制作はすべて東京で進められる仕事です。提供される新たなメニューに使われるメロンも、わずか2カ月間だけがつがる産で、ほかの10カ月は他県産などだということでした。もともとメロンは鮮度が重要な果物です。つがる市からの出荷はほとんど8月に集中し、前後の7月と9月にわずかに出るだけであとの月はゼロなのです。

すべてが東京で企画開発され、しかも地元のメロンは最大でも2カ月しか使われない——これでは地元に還元されるものが何もないと思いました。

人口動態や農業就業者数の推移などを見るだけでも、つがる市の20年後、30年後は本当に危機的だといわざるを得ません。地域のブランド農産物を使用した新たなブランド戦略は、この大きな地域課題・社会課題に応えるものでなければならないと思いました。そこでまず私が新たな事業ストーリーの基本に据えたのが、地元でつくって量産して、東京で売るという当たり前のことです。もともと1次産業が中心であるため、消費市場にとって魅力的なものを独自に開発・加工して市場に送り出す、それによって需要を拡大しひいては1次産業の隆盛につなげるというサイクルをつくることができていません。

そこで私はつがる市ならではのメロンを中心とする新鮮な農産物を使ったジェラートを地元で生産し、東京で売る、それを通して地元の農業をはじめとする経済の活性化を図る、ということを考えました。ジェラートは素材となる果物などの果肉や果汁を使うので、収穫時期に左右されずにすべての収穫物を活かすことができます。氷菓は賞味期限表示義務のない食品なので、しっかりと冷凍状態を維持すれば長期間の販売が可能でフードロス発生の懸念も生じません。

しかも、地元に加工工場を作って生産することで地元に新たな雇用が生まれ、懸案である２次産業育成のきっかけにもなります。さらに稼働を始める加工工場のノウハウを活かせば、新たな商品の開発やＯＥＭの受託、卸販売事業への進出も考えられ、６次産業化を推進しながら地元経済の振興につなげることも可能だと思いました。

[具体的な事業シナリオ]

ジェラートはメロンを中心にスイカ、トマト、りんごなどつがる産の特産品を掛け合わせ、さらに同じく特産品のナガイモを加えて濃厚で粘りのあるトルコ風アイスのような新感覚のものを当初６種類開発、賞味期限の長さや小さい形状、追加開発が容易で柔軟性があり小回りが利くといった扱いやすさを念頭に商品化することにしました。東京での販売については、さまざまな分析を経てＺ世代の女性をターゲットに設定、この層の象徴的な消費地である新宿マルイ本館内に店舗を開くことを決めました。

[ブランドコンセプトの確立とクリエイティブの開発・発信]

東京のＺ世代女性を意識して、地方発ブランドの面影を残しながら斬新さを表現し

図表25　「農家の刺客」つがる市公式ポスター

たいと考え、ネーミングは個性的でオリジナリティのある「農家の刺客」としました。また、新宿マルイ本館のユーザーを独自の解析ツールで分析したところ、サブカル好きが多いことが分かりました。そこで、農家に住みついたネコをキャラクターに据えた、いつも農家にお世話になっている「ネコが恩返しをする」というブランドストーリーを開発しました。

制作物については、「農家の刺客」というネーミングが強いことから、ロゴタイプはそれを中和する意味で手書きのものにして、ネコのイラストもデザイナーが手書きで作成しました。キャラクターを活用することで、ブランドのストーリーに柔軟な発展性の余白が生まれるように設計していきました。

公式サイトも時代やターゲットに合わせ、スマートフォンに特化した仕様で設計、動画コンテンツを量産しています。これはSNSとの親和性を高めたプロモーション施策を念頭においてのことでした。

この事業は全国の中小自治体が共通して抱える課題を解決していく方向性を示すものとしても大きな価値をもつものであり、事業をどのように社会にリリースするかも重要と考え、自治体の首長が自ら新事業を紹介することにして会見の演出やトークスクリプト（台本）を開発、より魅力的なものとなるように配慮しました。また、当初より新宿マルイ本館店舗オープン後の約1カ月後に、つがる市の工場でも販売するように計画し、東京でサービスを開始して地元に逆輸入するというスタイルを取ることで地元での注目度を高めたのです。

さらに販売活動も私たちの会社が担当することで売り場の情報をタイムリーに共有しながら販売の強化に取り組みました。商品開発や改良のアイデア、店頭POPやSNSのコンテンツ開発も効率よく進めることができ、特にSNSを中心にPR活動を強力にサポートしました。

また、SNS対策として首都圏などで活動する10～20代のインフルエンサー5人によるPRチーム「TSUGARU LOVERS」（つがるラバーズ）を結成し、各メンバーが地元のつがる市を訪れたときに感じた魅力や店舗の魅力などをそれぞれのインターネット交流サイト（SNS）で発信する仕組みをつくりました。

［成果など］

開店から約1カ月を経過した段階で、Webメディアの掲載数240、テレビ放映7放送、新聞掲載5回など短期間でメディアへの露出が高まり、ROASは728・05パーセントとなりました。特に地元青森はもちろんですが、近隣の北海道等のエリアで大きな話題になりました。同じように1次産業への依存度が高く、人口減少や高齢化を背景に将来の見通しが厳しい自治体からの注目が大きかったものと思います。

現在は、新機軸の商品開発や既存商品の新フレーバー開発を継続すると同時につがる市の若手女性職員をチーム化し、ブランドの共創を推進しています。今後はブランディングに関係するすべての人に当事者意識と地元へのプライドをもってもらい、東京ではなく地域から、本来もっていたはずの成長の力を引き出していきたいと考えています。

［主な業務］

・事業コンセプト開発
・事業モデル開発
・商品開発
・店舗／工場開発
・タグライン開発
・ネーミング開発
・ロゴデザイン
・KV（キービジュアル）
・パッケージデザイン
・ギフトパッケージ
・コンセプトムービー（インフルエンサープロモーション連動）

・ブランドサイト／ＥＣサイト
・ＳＮＳ開設（Facebook／Instagram／YouTube／TikTok／Twitter／LINE）
・ブランドブック
・ＶＭＤ（Visual Merchandising）視覚に訴え、購買につなげる陳列・ディスプレイ
・ポスター、ＰＯＰ
・イベントブース演出ツール（コンセプトボード、動画、腰幕、のぼり旗）
・販売スタッフユニフォーム
・プレスリリース／メディアプロモート／記者会見シナリオ・トークスクリプト
・インフルエンサー施策
・インスタグラムキャンペーン
・ＳＮＳ運用企画、運用代行
・新商品開発（新ジャンル、既存軸新商品）
・イベント出店、ＰＲ活動全般

りんごを使ったアルコール飲料のブランディング

［発端］

青森県でも最高品位のりんご畑が広がることで知られる青森県の平川市で温泉業をはじめいくつかの事業を展開している事業家から連絡がありました。新規事業としてりんごを使ったアルコール飲料であるシードルを出すことにしたので、ロゴやパッケージのデザインなどを手伝ってほしいということです。もともと平川市はおいしいりんごの産地であり、それを使ったシードル飲料も数種類あります。そのなかでは後発の製品としてデビューすることになるということでした。

シードルに関する深い知識はなかったので、改めて調べましたが、青森などのりんご産地のりんごに関連する土産品という受け止めが一般的で、実際販売しているのも空港や駅、デパートなどの土産品コーナーでした。後続して出すとしても、そうしたシードルの一種として送り出すことになります。

いわれるままに、新しいパッケージのデザインやロゴの開発、Ｗｅｂのランディングページの制作に着手することは簡単です。しかし「なぜこの事業をしたいと思ったのか、それによって何を実現しようとしているのか」ということについて議論を交わすべきだと思いました。そうでなければ、土産品として並べられる新しいシードルが1種類増えるだけだからです。

［事業ストーリーの開発］

経営者と話をしていくなかで、今までと同じカテゴリーのシードル飲料を出すだけなら意味はない。今までのフランス風の果実の甘みが残るフルーティなものではなく、アメリカのポートランドで生まれたドライなハードサイダーにして、土産品ではなく、誰もが日常的に楽しめる今までにないアルコール飲料にしよう、生産工場を地元につくり、新たな雇用を生み出すと同時に、りんご農家も応援できる事業にすることを考えました。また、後継者不足などから廃園するりんご農家があれば、それを買い取り、自社内にりんご栽培部門を設け、自社でシードルに関わる1次、2次、3次産業を所有し、6次産業化を単独で実現して、それを通して今の会社を青森県でいちばん〝イケてる会社〟にして地元の若い人が働きたいと思う人気企業にしようと、10年後、20年後を見据えた大きな事業ストーリーを描きました。

当初は地元産のシードルの銘柄を一つ加えるというくらいの話だったのですが、事業家との時間を掛けた膝詰めの話し合いのなかで、大きな事業ストーリーが育ち、新ブランド構想としてまとまりました。

［具体的な事業シナリオ］

今までにないドライテイストのシードルを一から開発し、日常的なアルコール飲料として、ビールやハイボールの代替となり得る新機軸を前面に打ち出すことを考えました。ところが食用りんごは発酵が早く、あっという間にドライなだけの、果実風味のない味になってしまいます。クライアントとテスト・試飲を繰り返し、数百に及ぶ酵母のテストもした結果、ようやく理想の味へたどり着くことができました。

さらにトレーサビリティが明確でつくり手の見える飲料であること、無添加・無着色の安心、無濾過／フレッシュプレス、非加熱醸造といった機能をプラスし、ドライなテイストだけでなく、今の時代に求められる高い機能をもったものとして開発を進めました。

製造工場は地元平川市に新たに建設し、販路も観光客相手のお土産品店ではなく、スーパーマーケットやコンビニなどに卸し、地元の市民が日常的に買い物に訪れるところで販売する体制を採りました。逆に、ドラッグストアや低価格の箱売りなどを中心とするディスカウントショップでは販売しないことにして、新たなブランドの価値を保つことを考えました。

［ブランドコンセプトの確立とクリエイティブの開発・発信］

後発のハンディをはね返す意味でも、今までにない新しい味わいであることを強調することが必要でした。そこで地元のりんごを心から愛しシードルに夢中になった一人の男が、今までにない味わいを求めて一生懸命に開発した新たなドライシードルであること、そして夢中になって生きるクリエイティブな時間を愛する人に贈る新飲料であるというストーリーを創造し、商品名も「CRAZY CIDER」と名付け、タグラインとして「はじける果実に夢中になる」、さらにキャッチコピーを「Love a Life, Love a Moment.」と決めていきました。

ミッションは「平川の魅力を日本へ、世界へ、平川を代表して発信していく」、ビジョンは「平川市を魅力的で夢中になれるモノやコトに溢れるまちにする」。バリューとして「ライフスタイルやワークスタイルでの前向きな取り組みを、サイダーを通してリスペクトして応援し、広めていく」とそれぞれ決定。ボトルデザイン、Ｗｅｂのランディングページのデザインなどを検討し、ランディングページには地元で愛されている岩木山の美しい姿を使いました。朝焼けや星空など時間によって写真を差し替えながら、日々の忙しさのなかで忘れがちな山の美しさや、生活を見守ってくれているありがたさなどを象徴するビジュアルデザインにしています。

図表26　「CRAZY CIDER DRY（クレイジーサイダードライ）」

05 BOTTLE DESIGN
APPLE
DRY
7
CRAZY CIDER
ロゴマークを中心に「CRAZY CIDER RDY」のImage Dots を配置しスパークリング感を表現。また未開封シールに、果実のイラストとアルコール度数を表す数字を入れることでシリーズ商品との区別・視認性を確保したデザインになっている。

［成果など］

「CRAZY CIDER」は発売開始以来大きな反響を得て、当初想定していた採算ラインである月産2000本の出荷をすぐにクリアし、実際には6000本以上の出荷となりました。さっそく事業計画を上方修正し、生産量を倍以上にするとともに生産ラインの増設も決定しました。

広告・広報のプランニングにあたっては、当初設計していたKPIの指標をすべての分野で大きく上回る結果になり、地域性を考慮して短期間放映したテレビCMやSNSの取り組みでは、特に大きな反響を得る結果となりました。ＥＣサイトには全国から注文が入り、地域の飲食店、卸業者、小売業からも大きな引き合いがあり、行政のバックアップでふるさと納税の返礼品としても認定されました。

関東、関西、九州エリアを中心に卸売りの問い合わせが増え、短期間で販売チャネルは爆発的に拡大しました。２０２２年9月には青森県物産振興協会が開催する青森県特産品コンクールで「CRAZY CIDER DRY（クレイジーサイダードライ）」が最高賞の青森県知事賞を受賞しました。

地方発のブランドとして、これからの地方のポテンシャルと可能性を示す、一つの大きな事例となりました。

［主な業務］
・商品開発支援
・事業コンセプト開発
・クレド（信条や信念、行動指針）開発

・全従業員向け決起会企画
・タグライン開発
・ネーミング開発
・ロゴデザイン
・KV（キービジュアル）
・パッケージデザイン
・ギフトパッケージ
・コンセプトムービー（TVCMクリエイティブ）
・ブランドサイト／ECサイト（※ECは既存サイトの化粧直しのみ）
・SNS開設（Facebook／Instagram／YouTube／LINE）
・ブランドブック
・ポスター、POP
・イベントブース演出ツール（コンセプトボード、動画、腰幕、のぼり旗）
・ビジネスアイテム（名刺、封筒、レターヘッド、オンラインミーティング用背景画像）

・ユニフォーム、グッズ類（Tシャツ、パーカー、ステッカー）
・プレスリリース
・インフルエンサー施策
・TVCM放映
・インスタグラムキャンペーン
・SNS運用企画、運用代行
・新商品開発支援

税理士法人のブランディング

［発端］
共通の知り合いを通して税理士法人SHIPから「ブランディングしたい」という相談がありました。

SHIPは愛知県豊橋市や東京都渋谷区（恵比寿）などに拠点を置き会計業界で先進的な取り組みを進めている税理士法人です。代表税理士の鈴木克欣氏は税理士免許だけではなくMBAホルダーでもあります。中小企業向けに月次決算業務を進めながら、月次の事業主との報告会では、高度な財務・経営のコンサルティングだけでなく、コーチングも実施。日本の中小企業経営者に、良き相談役として寄り添う覚悟を決めたスーパー税理士として活躍しています。顧問先黒字率は82パーセント以上で、世の中の多くの税理士事務所や会計事務所とは一線を画す存在でした。日々の業務を重ねるなかで、このままでは日本の税理士事務所に未来はない、と大きな危機感を抱き、これからの税理士事務所のあるべき姿を目指して、その先陣を切るべくブランディングの実施に踏み出そうとしていました。「業界を変革し、アップデートしなければ日本の未来はない」――強い意志をもち、課題解決のため先頭を走る姿に私は圧倒されました。

[事業コンセプトの整理]

一般の税理士事務所や会計事務所の多くが日常的にどういう業務を担っているかは

知っているつもりでしたが、鈴木氏から話を聞くと、中小企業経営者の支えになるはずの財務のスペシャリストが、実は会計処理や税務処理だけを遂行しており、まったく経営の力になっていないというのです。伝票処理を請け負うだけで、財務や経営のコンサルティングをきちんと実行できる会計事務所はほとんどなく、国内の8割以上の会計事務所が実はそういう現状にあるということでした。これでは、企業の99・7パーセントが中小企業だといわれる日本が成長の道を歩めるはずがありません。

また会計事務所の仕事も、伝票の仕分けや処理を間違えずに正確に行うことだけが求められるものになっており、働く人のやりがいやキャリア形成の道筋が見えず、実際、離職率の高い職場になっているという話でした。

[ブランドコンセプトの確立とクリエイティブの開発・発信]

税理士の存在意義とは何なのか、会計事務所は何をすべきなのか、そこで働く人々や顧問先の未来はどうなるのか――本質的な問いを投げかけ議論を重ねる一方で、そもそも会計業界はどのようにして日常的に経営層とコミュニケーションを取っているのかの分析を実施しました。経営者と密接に関係のありそうな士業（税理士、社労士、弁護士）のWebサイトを中心にリサーチを進めたところ、ほとんどの企業が、自社のビジョンや概念的なビジュアルを掲げながらサービスソリューションを示し、問い合わせへとつなげていくという設計でした。一方的に自社の能力を示し、相談へと導こうとするものばかりなのです。

しかし、改めて会計事務所の本質的な存在意義を振り返れば、それは鈴木代表が考えているようにクライアントの経営課題を解決するということにほかなりません。中小企業に伴走してその成長をともに実現するというのが会計事務所の本来の姿であるはずです。自社がいかにすごいかを示すことではなく、財務や経営に困っている経営者に寄り添ったコミュニケーションが必要だと思いました。

そこで私たちが真っ先に取り組んだことは、鈴木代表が率いるSHIPのMVV（ミッション・ビジョン・バリュー）を改めて言語化することでした。

ブランドの確立のために必要となるのは、なぜその事業をするのかという根本的な問いである「WHY」を突き詰めることです。その答えこそミッションでありビジョンです。何を目指して、どのような未来をつくるのか——私たちはそれについて議論を重ね、そのうえで、鈴木代表の意思を表すブランドのタグラインを検討しました。そして、社名のＳＨＩＰ（船）の由来である、「同じ船の乗組員となって未来を切り拓く！」を表す「SAIL UP TO A BREAKTHROUGH.」という言葉を開発したのです。

図表27　SHIPロゴデザイン

ロゴデザインは、ＳＨＩＰの頭文字「Ｓ」の筆記体の形をもとに「波を乗り越え未来へと進んでいく船」を具象化したものにしました。

さらに自社のビジョンや業務内容を一方的に紹介する〝自社紹介〟〝自社自慢〟のサイトではなく、「経営者の役に立つ・参考になるコンテンツファーストなサイト」というコンセプトを打ち立て、明確な経営課題を抱える顕在層だけでなく、潜在層や特に課題は感じていないがアンテナを張っているような経営層にも幅広く

ＳＨＩＰからの情報を提供していきたいと考えました。そのためあえて同業他社のようなビジュアル訴求は控え、読み物が中心となるデザイン開発をしていきました。

中小企業を中心とする経営者の目から見たコンテンツの充実度が最重要課題です。毎月更新するコンテンツの執筆者は、税理士だけでなく、事業家や弁護士、マーケッターやクリエーター、さらには経営者の間で関心が高いプロゴルファーにまで広がりをもたせ、多角的な情報発信をしていくことにしました。

［成果など］

こうした取り組みの結果、問い合わせ件数の増加や新規の顧問契約につなげることができ、従来の会計事務所との契約では期待できなかった専門的なコンサルティングによる経営指導を受ける中小企業が増えています。

私たちはブランド開発とそのあとのブランディングを明確に分けていますが、ＳＨＩＰに対しても、ブランド開発でブランドの魅力を可視化し、その後も伴走しながらブランディングを進め、その成長を支援しています。また毎月２本の経営者向けコンテンツの提供も行っています。

［主な業務］

・事業コンセプト整理
・タグライン開発
・ロゴデザイン
・ブランドサイト
・ビジネスアイテム（名刺、封筒、オンライン商談用背景）
・コミュニケーション設計

歯科医院のブランディング

［発端］

愛知県豊橋市にある、小さなまちの歯科医院「やまざき歯科クリニック」の山崎院長には数年来温めている事業計画がありました。保険診療外の超高級総入れ歯（約300万円）を提供することを通して、年収3000万円以上の層を対象に100年の人生を豊かにするという、入れ歯に特化した健康増進をサポートする、今までにない歯科医院として事業を展開することで、いかにして新たなブランドを打ち立てるか、相談を受けました。

［事業ストーリーの開発］

私たちは市場の分析から始めました。

「同様のサービスを提供する事業者がどの程度いるのか」「事業モデルやサービス内容はどうなっているのか」「価格帯はどうなっているのか」――調査を進めていくうちに、患者さんのもっている歯に関する悩みは非常に深刻であるにもかかわらず、患者さんと親身に向き合い、高品質なサービスを提供している歯科医院は非常に少ないことが分かりました。

治療は行われているのですが、患者さんと一対一で向き合い、その人の一生を見通しながら、どうすれば健康で楽しい人生を送ることができるのかというアプローチをしている歯科医師は本当に少ないのです。多くの歯科医師が人を見ずに歯だけを診て、もっぱらその治療を考えるということをしていました。

歯の治療については、患者さん側がまったく知識のない状態で説明を受け、治療が進むことになります。当然、医師との信頼関係が重要になりますが、患者さんのなかには自分に合う歯科医院になかなか巡り合うことができず、満足のいかない治療を受けては転院を繰り返している、という人もいるようでした。ようやく親身に話を聞いてくれる歯科医師に出会って安心して泣き出してしまう患者さんもいると聞きました。

また、いったん治療が始まると複数回通うことになりますが、症状によっては治療期間が数カ月にも及び、その間は口の中が落ち着かず、飲食時にはストレスを抱え続けます。患者へのケアは十分とはいえず、歯科医師と患者の間の信頼関係の構築という点では多くの課題が残されていました。

こうした状況のもとで、歯科医師の山崎院長が何を考え、どういう事業を構想しているのかについて話を聞きながら、事業ストーリーをつくっていきました。

・なぜ、総入れ歯なのか？
・商品やサービスの特徴は何か？
・この事業のビジョン、ミッションはどういうものか？

さまざまなテーマでディスカッションを重ねるうちに、山崎院長が抱いている熱い思いと歯科業界への問題提起を知ることになりました。「歯医者の仕事＝歯の治療」とだけでしかとらえていない、今の歯科業界に大きな不満をもち、現状をなんとかしなければと考えていたのです。

山崎院長は、歯の健康は人生の健康に直結している、だから私は〝口福〟な人生が豊かな人生につながると考えている、というのです。歯科医師はただ単に歯の治療にあたるのではなく、その人の趣味や嗜好にまでしっかりと耳を傾け、その患者の人生を豊かにする一助とならなければいけない。山崎院長には、歯科医師としての責任感と強い意志がありました。

また総入れ歯へのこだわりは、自身の身近な体験から生まれたものだと分かりました。義理の父親は高齢で総入れ歯だったのです。昔は沢庵などの漬物が大好きで食通でもあったようですが、総入れ歯になってからは少し元気を失っているように見え、なんとかできないかと思った山崎院長は義父の総入れ歯を手直しすることにしました。

手直しが進むたびに、いつも以上に食事を楽しむようになった義父はまもなく大好きな沢庵も自慢の総入れ歯で問題なく食べることができるようになって表情はどんどん明るくなっていったといいます。この体験から山崎院長は総入れ歯で問題を抱えている人々を救済したいと考えるようになりました。

議論を重ねながら私は、山崎院長は歯ではなく患者の人生を見ていると感じ、強い信念と深い想いのあることを知りました。事業を通じて山崎院長の理想とする歯科治療を大きく広めていくことは、私たちにとってもやりがいのある大きな価値のある仕事です。
現在の歯科業界の課題×患者の人生×山崎院長の事業構想――この3つの掛け合わせによって〝口福〟を通した豊かなライフスタイルを実現する、というのが事業の基本的なストーリーであり、その担い手である山崎院長を個人として強く押し出し、ヒーローにしていくことを考えました。

[具体的な事業シナリオ]

一般に、総入れ歯をつくるときは当然ながら完成までに複数回通院することになります。また、試作品や完成品の使用感について患者からの改善要望があれば、歯科医師が手直しをします。ただし、微調整はできても完璧に調整することはできないというのが現状です。もともとそれほど高い精度を出すことは医師側からも患者側からも期待されていないという実態があります。「まあこのくらいでいいでしょう」という医師側の感覚があり、患者側にも「入れ歯だから多くは望めない」といった諦めのようなものがあるからです。

しかし、山崎院長の構想するサービス内容はまったく異なり、総入れ歯の完璧なフィットを目指すところがベースとなっていました。

具体的な事業構想については、山崎院長の構想をベースに内容を詰めていきました。私たちの主な取り組みは山崎院長の考える事業シナリオに非現実的であったり、独り善がりになっていたりするようなところがないか、実際にニーズがあるか、といったことについて市場調査を基に広く点検し、事業開発を支援していくことにありました。

その結果生まれたのが新しい事業構想です。

新規の事業の対象は総入れ歯ユーザーで、何かしら入れ歯に不満を抱えている人たちです。

①初診はオンライン問診

現状の入れ歯の不満や課題感、こうしたい、といった点をオンラインで診察。

②受診

実際に来てもらい総入れ歯の調整&制作開始。

1　患者には1泊2日で来院してもらう

2　最寄り駅ホテルの一室での診療（もしくは、休診日のやまざき歯科クリニックを貸切利用）

3　現在使用中の総入れ歯を完全複製し、その複製を調整していく

4　数時間で完成、ランチをともにして様子を見る。↓フィードバックを得る

5　当日のディナータイムまでに4の修正版を持参。一緒に食事をして様子を見る。↓フィードバックを得る

6　5の修正版を翌朝届け。（必要があればランチタイムに再確認）というように2日間で完璧にフィットする総入れ歯を提供する。

③趣味・嗜好に合わせたオプションを用意

ゴルフ、ジョギング、登山、睡眠、スピーチ用など、用途に合わせて専用総入れ歯の提供も行う。

スポーツ用であれば、奥歯がしっかり噛める形状に制作し、スピーチ用であれば表情をつくる前歯の大きさや歯茎の形状で顔下半分の表情をつくることが可能。（温厚な表情、威厳のある表情など）。まさにその人を豊かな人生へと導く総入れ歯となる。

日本にまだ存在しなかった画期的な診療スタイルの事業であり、歯科治療を患者の人生に真正面から向き合うものに変えていく一歩となるものでした。

［ブランドコンセプトの確立とクリエイティブの開発・発信］

この新事業のネーミングは「入歯師 山崎」と決めました。

事業の対象となるのが60歳以上のエグゼクティブ層と設定されていることから「入歯師」という堅いワードをあえて使用し、匠感、本物感、プロフェッショナル感を生み出すことを考えました。

また、その世代やターゲット層によく知られているウイスキーの山崎のようなプレミアム感と通じるものがあるように思いました。そして、深い味わいのあるフォントやイメージにインスピレーションを得て、「入歯師 山崎」に合うフォントやイメージが浮かび、形にしていきました。苗字である「山崎」がブランド名です。愛知県豊橋市の小さなまちの歯科医院とはまったく異なる顔を創り出し、清潔感があってプロフェッショナルで誰よりも親身に治療する、強い意志をもったドクターである、とい

図表28　入歯師、山崎ホームページ

う世界を創りました。タグラインはシンプルに強く「人生１００年を楽しむ歯を創る」としています。

現在は主にオンライン上で事業対象が存在しそうなメディアを起点に本サービスを広めていくことに取り組んでいます。

【主な業務】

・事業開発サポート
・タグライン開発
・ネーミング開発
・ロゴデザイン
・KV（キービジュアル）
・コンセプトムービー

・ブランドサイト
・SNS開設（Facebook／YouTube）
・ブランドブック
・ビジネスアイテム（名刺、封筒、オンライン商談用背景）
・オンライン広告

第8章

企業に想像を超える変革をもたらす
ワンストップ・ブランディングが

エンゲージメントの向上、社会課題の解決、自社の魅力の再発見……

ブランドづくりが人に自信をつける

新たにブランドを打ち立て、ブランディングをしながら育てていくという一連の取り組みは、自分の会社などのあらゆる組織や個人が、なぜ、なんのために、いかなる事業を展開するのかということを内外に明らかにすることです。

それは自社が事業活動のなかで提供している個々の商品やサービスについて、その機能や特徴を語ることではありません。それらのすべてに貫かれている精神やパーソナリティを言語化し可視化して五感を通して伝えていく作業です。

事業そのものは「理屈」でできています。売上と利益を上げながら活動を継続していくための戦略と論理と数値です。背後にある「思い」は見えません。しかし、だからといって事業をただ数値で見えてくる結果に一喜一憂して推進するだけなら、経営者も従業員も仕事のなかで満足を得ることはできません。

業績は自分ではコントロールできない外部要因によって必ず浮き沈みがあります。数字だけを見ている限り心を落ち着かせることはできません。しかも売上の変動で経営者が悩んでいたり、事業そのものの継続に後ろ向きになっていたりすれば、その空気は従業員に伝わり、生産性の低下や離職者を生むことにもつながりかねません。そもそも現在の事業がなんのためのものだったか、その〝WHY〟が経営者にも従業員にも見えなくなってしまうのです。

しかしブランドづくりやブランディングは、改めて事業の意味や価値に目を向けることにつながります。私が経営者に伴走してブランドづくりを進めながら最も感じることは、経営者が元気を取り戻すということです。

そもそも自分がなぜこの事業を始めたのか、例えば先代から受け継いだときにどんな事業にしていこうと思ったのかを改めて振り返ることになります。私自身が聞き手になって、時間を掛けて経営者としてのいちばん底にある、普段は言葉にされていない部分を引き出していきます。

こういう状況のなかで、こういう思いで事業に取り組んできたのですね、この商品やサービスをつくって提供し、どこまでできましたか、これからはどうしますか、というように整理して問いかけていくことによって、経営者は改めて自分の事業の根底にあるものと向き合うことができます。

経営者を深く知り、かつ第三者的な立場で事業の将来をともに展望するようなパートナーでなければ、機微に触れる話はできません。私は、経営者からブランディングがしたいと声を掛けられるたびに、広告物をどうするか、ロゴデザインをどうするかと考えるのではなく、ともに将来を考えるパートナーとして、経営者自身の思いを引き出し共有できる人間でなければならないと考えてきました。そういう存在が少な過ぎるのです。

もちろん時間が掛かることですが、こうした議論を積み重ねることによって経営者は日々の業務のなかで見失いかけていた自分の夢や事業への思い、商品・サービスの開発姿勢などについて改めて認識することができます。その結果、業績として見えている数字は別にしても、自分の取り組みに価値はあった、これまで苦労してやってきたことは間違いではなかった、これからも成長していける、という自信をもつことができます。このような自信をもった段階に至ることで初めて、目標が見え、新たにバックキャスティングも始めることができるのです。

ブランディングが原動力になり、従業員も元気になっていく

経営者が元気になり、改めて将来の姿に向かって自信をもって歩き出せば、その感情や雰囲気は周囲に伝わります。「社長この頃元気だね」「すごく気持ちのこもった言葉が出るよね」「この事業、面白くなりそうだ」……従業員にも空気が伝播し浸透して、強い組織になっていきます。

「インナーブランディングですね」と言う人もいるかもしれませんが、インナーブランディングもアウターブランディングも本質は変わりません。自分たちが展開しようとしている事業ストーリーがどれほど価値のあることなのか、地域や社会をどう変えていくことができるのかを世の中の人の心に届くような表現に工夫を凝らし、あらゆ

るコミュニケーションツールを使って可視化し、共感を得ていくというのがブランドづくりでありブランディングという行為です。その中心にいるのがブランドストーリーの担い手としての人です。

新たなブランドは地域や社会の未来のためにという明確なメッセージをもって会社が展開していくものであり、直接何かを担当したかしないかではなく、他部門や管理部門の従業員もブランドストーリーをつくっていく一人です。ブランドは従業員そのものということもできるのです。

新たなブランドの構築と社内への浸透は、従業員のモチベーションを高めることにつながり、それは既存事業にも好影響が出ます。従業員一人ひとりのモチベーションの高さが業務の生産性を高め利益の拡大に寄与するということについては定量的なデータも得られています（モチベーションエンジニアリング研究所と慶應義塾大学大学院岩本研究室の共同研究「エンゲージメントと企業実績に関する研究」）。

新たなブランドの開発は、魅力ある事業の推進と同時に、従業員の結束を強め、会社全体としての業績の拡大につながります。加えて従業員の新たな前向きな姿勢をブランディングのなかに吸収していくことができるように、企画のなかに余白を残して従業員を巻き込んでいく工夫も重要になります。新たなブランド展開に関する事業企画や制作物のすべてを1から10までつくり込んでしまうのではなく、従業員が新たな発展の方向性を積極的に考えて提案したり、制作物について独自のアイデアを出したりするなど、拡張していける余白を確保しておくことが、ブランドが自らの力で発展していく原動力になります。

あくまでも経営者が先頭に立ち続ける大切さ

新たなブランド開発は従業員の結集軸をつくることにつながり、直接その業務を担わない人も含めて積極的に巻き込んでいける、余白をもたせることで自律的に発展していくことも可能になります。

ただし気を付けなければならないことは、あくまでも経営のトップが先頭に立ち続ける必要があるということです。

ブランドを支える理念や行動指針の策定について、若手従業員を中心に「策定委員会」のようなものをつくって任せたり、従業員全員参加のワークショップを開いて検討を進めたりするといったことがしばしば実施されています。またブランド確立後に社内への浸透やマネジメントをするという目的で「ブランドマネジメント室」や「デザイン戦略室」といったものが社長直轄でつくられ、あらゆる広告や広報の内容はもちろん、商品デザインの細部についても、その部署がチェックするといったことが行われることがあります。

しかし、そもそも企業理念はボトムアップで検討され、作成されるべきものではありません。内容を決めるのはあくまでも経営者です。もちろん理念の決定以降の浸透のフェーズまでもがトップダウンで行われては本当の意味では浸透していかないので、全従業員を巻き込みながら議論し、一人ひとりに自分事としてしっかりと理解してもらうというプロセスの工夫が欠かせません。それでも基本的な方向性を決めるのは経営者です。従業員アンケートでこういう意見が多かったからと、理念や事業の方向性が変わるということはあり得ません。

またブランドを定着させ育てていく過程も、全従業員が関心をもち参加すべきプロセスです。特定の社内組織が担うことにしてしまえば、ブランディングが自分の仕事内容から切り離されてしまいます。外的な規制・ルールと受け止められることになりかねません。ブランド開発やブランディングにあたっては経営者が先頭に立ち続けることが絶対に必要です。その推進をいかに全社的なものに広げ、一人ひとりのものにしていくかはまた別の取り組みです。

新たなブランドが地域の可能性を切り開く

中小企業の多くが拠点を置く地方都市では、人口減や少子高齢化に伴う市場の縮小や経済活動の停滞、税収の落ち込みや社会保障費用の増大に伴う財政の危機など、10年後、20年後の存続すら危ぶまれる市町村が出てきています。

2014年に民間の研究組織である「日本創成会議」が公表した「消滅可能性都市」に関するレポートでは「全国の49・8パーセントにあたる896の市区町村で今後2010年から2040年までの間に20歳から39歳の女性が50パーセント以上減ることによって存続できず消滅する可能性がある」ということが明らかにされました。レポートは大きな衝撃をもって受け止められ、2015年には『日本再興戦略』改訂2015」「まち・ひと・しごと創生基本方針2015」が当時の安倍内閣のもとで閣議決定され、地方自治体による「地方版総合戦略」の策定とその実施へとつながっていきました。

しかし、その後のさまざまな施策の展開にもかかわらず地方の過疎地域の人口減少には歯止めがかからず、東京一極集中が加速し続けています。数字は未公表ですが、日本創成会議でレポート作成の中心を担った増田寛也氏は2015年の国勢調査を基に国立社会保障人口問題研究所が発表した人口動態予測を使って再集計を行った結果、現在では「消滅可能性都市」の数が927にまで増えていると語っています（「田舎は消滅するしかないのか 増田寛也氏に聞く地方創生」朝日新聞デジタル版

２０２０年12月2日付）。

私がいくつかのブランド創造事業を進めている青森県でも青森市、弘前市、八戸市をはじめ、つがる市、平川市など9市を含む35もの市町村が消滅すると予想されているのです。事実、青森県長期人口ビジョンでも労働力人口の減少による地域経済への深刻な影響や社会保障制度の安定的な維持の困難、地域活動の担い手の減少に伴うコミュニティの継続の困難といった問題が指摘されています。自治体によっては、現状の橋梁のすべてを維持することはもはや不可能と見て、同一の集落内にある３本の橋のうち、２本は通行止めにして維持管理を放棄し、１本だけを守るといった極端な施策すら検討され始めようとしています。

こうしたなか、地方中小企業が地域に根差してどのような事業ストーリーを描くのか、事業規模の大小は別にしても新たなブランド確立の役割は非常に大きいと思います。全国の市町村では、魅力的な観光ルートを開発してインバウンドを増やすとか、工業団地を作って大企業の工場を誘致するとか、移住者を募るといった同じような施策が打ち出されていますが、結局、市町村同士の人の取り合いでありゼロサムゲームでしかありません。どこかが勝つことがあっても、それはどこかが負けるということです。しかし負けていい自治体はありません。

地元に本当に魅力のある企業が生まれれば若い人も地元で働きたいと思い、さらに事業が6次産業化の起点となれば、地域全体の発展につながります。よそから何かを引っ張ってくるのではなく、地域発で地域創生の芽をつくることができます。

経営者の多くは、自分の事業は地域課題の解決に資するような立派なものではないし、大役は果たせないと考えがちです。実際そういう声を聞くこともあります。しかし私は大事業が必要だといっているのではありません。

地域で事業を継続するうちに、いつの間にか売上や利益ばかりが気になるようになっているのかもしれませんが、もともと地方中小企業はそこで暮らす人に便益を提供し、まちを豊かにするためにスタートし、存続してきたはずです。そこに何かしら課題があることをいち早く察知して事業を立ち上げたのであり、それが何であったのか、今改めて考えることが必要だと思います。

地域課題の解決も、社会課題の解決も、決して大げさなことではありません。社会を構成しているのは一人ひとりの人であり、その人の毎日を少しでも豊かにすることができればよいのだと思います。給与水準が低いといわれる地域で、周囲より20パーセントでも向上させることができたら、これも立派な社会課題の解決です。

企業は地域にあるから成り立ちます。事業が大きくなれば地域も豊かになります。地方中小企業におけるブランドづくり、つまり新たな事業ストーリーの開発は、日本の未来を左右する地域創生に深く関わっていると思います。

なぜワンストップでなければならないのか

新たなブランドづくりと、それを継続的に育てていくブランディングは、長い一連のプロセスです。そもそも何をしたいのか、夢を見ることをスタートに足元を見直して分析を深め事業ストーリーを緻密に描き、クリエイティブを制作し、それを展開しながらブランドを確立していきます。

このプロセスは一気通貫に展開していくものでなければ、受け手の心に響き、長く愛され、双方向のコミュニケーションを通して継続して育っていくような価値の高い事業は生まれません。

そのプロセスは途中から始めることも、順番を入れ替えることも、一部だけを取り出して行うこともできません。それでは分析を踏まえない事業ストーリーになったり、ただ目を引くだけのデザインや広告になったりしてしまいます。それはブランディングでもなんでもありません。小手先の差別化であり、単なるイメージアップ戦略でしかありません。

ワンストップ・ブランディングこそ、事業を通して新たな価値を創造し、地域とそこで活動する企業の成長を実現するのです。この書籍が、世の多くの地方にある中小零細企業の経営者の一助になれたら光栄です。

おわりに

私の社会人としてのスタートは地方の印刷会社の営業担当でした。当時、右も左も分からない私を鍛えてくれたのは、得意先の広告代理店の社長です。「1年くらいは無駄にする覚悟でマーケティングの勉強をしなさい」といわれ、毎週1冊のペースで本を読み、感想文を書いて社長に読んでもらいました。自分の会社の社員でもなく、しかも業界の素人で手間の掛かる私を、よく辛抱して面倒を見てくれたと思います。

その社長がもう一つ教えてくれたのは、とにかくクライアントのことを考え抜けということでした。寝ても覚めてもクライアントのために自分にできることは何か、それを考え続けろといわれました。どこまでできたかは分かりませんが、その言葉はいつも私の頭のなかにありました。

まもなく私は東京に出て、やはり印刷会社の社員として働きました。当時私は、「なんでそんな仕事を引き受けてきたんだ?」「誰がやるんだ?」「もっと印刷の仕事を取ってこい」と怒られ続けていたのです。

しかし、私は自分が印刷屋だからと印刷の仕事だけくださいとクライアントに言うつもりはありませんでした。困っているなら、そして私にできることなら、なんでも引き受けようと思っていたのです。クライアントのことを考え抜けという恩師の言葉があったからです。

14年勤めたその印刷会社を辞め、２０１２年12月に今の会社を設立しました。独立の準備をしていたときです。社会人になってまもない私を鍛えてくれた恩師がふらりと東京の私の様子を見に来ました。そのとき、私は会社のネームバリューで勝負するのであれば80パーセントの仕事でも相手にしてもらえるかもしれないが、これから一人になって甘い仕事をして隙を見せたら次はない、クライアントの依頼には１２０パーセントで打ち返さなければだめだと教わりました。

クライアントのことをひたすら考え、要望には１２０パーセントで返すこと――それを忘れずに続けてきた私の仕事は、いつしかさまざまなクリエイティブの制作から、経営者と深く付き合い、一緒に夢を見て新しい事業を設計して航海に出るブランドづくりのパートナーという役割に変わっていきました。

ブランディングやマーケティングについては類似の書籍やネット上の解説が数えきれないほどあります。しかし、そういうところで知ったノウハウや方法論を当てはめてそれらしい形にまとめても、命がけで事業に挑み続ける経営者の心を動かすものにはなりません。ノウハウも方法論も大切です。考えを進めるガイドラインにはなるでしょう。しかし最も大切なのはクライアントが事業に臨むときに抱く志や夢に心の底から共感し、共有できるかどうかです。

実は百家争鳴状態のブランディング解説書に最も欠けているのは、クライアントと一緒に夢を見ろ、というシンプルなひとことではないかと思います。そのとき、ブランディングの仕事は心から楽しいものになります。それが本書を通して私がいちばん伝えたかったことです。

【プロフィール】

乳井 俊文（にゅうい・としふみ）

株式会社クリエイティブアローズ代表取締役 / クリエイティブディレクター
1974年4月2日生まれ青森県青森市出身。青森県立青森東高校を卒業後、専門学校にてプログラミング開発を学び、総合印刷会社に就職。26歳のときに取引先の社長の指導を受け、本格的にマーケティングの勉強を始める。

複数の大手広告代理店への出向を経験し、大手流通企業や大手メーカーの広告・販促活動の支援に従事。クライアントの事業の成長や成功にもっと貢献したい、という想いから独立を決意。2012年に株式会社クリエイティブアローズを設立。

企業課題の大小を問わず、データ分析とストーリー開発をスピーディーに実施し、顧客の感動を生み出すことにこだわりをもっている。最近では、地方中小企業や自治体のブランディング / プロモーションに注力している。

従業員は25人。"Move Emotions!" をテーマに掲げ、コンサルチームと企画チーム、クリエイティブチームの三位一体で顧客事業の成長支援に取り組んでいる。それらをさらに加速させるために、税理士や弁護士、経営コンサルタントたちとタッグを組み、経営者との経営レイヤーの対話から一気通貫で伴走する取り組みを進めており、真の意味での事業パートナーを目指す活動に重きをおいている。

本書についての
ご意見・ご感想はコチラ

企業の魅力を最大限に引き出す
ワンストップ・ブランディング

2023年8月25日　第1刷発行

著　者　　乳井俊文
発行人　　久保田貴幸

発行元　　株式会社 幻冬舎メディアコンサルティング
〒151-0051　東京都渋谷区千駄ヶ谷4-9-7
電話　03-5411-6440（編集）

発売元　　株式会社 幻冬舎
〒151-0051　東京都渋谷区千駄ヶ谷4-9-7
電話　03-5411-6222（営業）

印刷・製本　中央精版印刷株式会社
装　丁　　弓田和則

検印廃止

ISBN 978-4-344-94718-4 C0034
幻冬舎メディアコンサルティングＨＰ
https://www.gentosha-mc.com/